ÀLEX MAÑAS

En cualquier otra parte...

XV Premio SGAE de Teatro

teatroautor

ÀLEX MAÑAS
"En cualquier otra parte..."
Primera edición, 2007

Coordinación editorial: Pilar López. Diseño Gráfico: José Luis de Hijes. Maquetación: Color Digital S.L. Corrección: Marisa Barreno. Logotipo de la colección: Francisco Nieva. Imprime: Color Digital S.L.

Edita: Ediciones y Publicaciones Autor, S.R.L.
Bárbara de Braganza, 7. 28004 Madrid
publicaciones@sgae.es

DL: M-43796-2007 ISBN: 978-84-8048-746-7

Prólogo

Que un amigo te pase una obra de teatro inédita es un peligro. Es una práctica de riesgo que difícilmente te deja indemne.

Conocí a Àlex como actor. Era el bombero de un buen montaje de *La cantant calba*. Tanto en la versión catalana como en la castellana, el bombero conseguía cautivar al público.

Un buen día me enteré de que en una sala alternativa se estaba representando su texto *Algo*. Mi sorpresa fue mayúscula al asistir a la representación formando parte de un numeroso público, mayoritariamente joven, que celebraba el texto que el propio Àlex había dirigido con maestría. Me convencí de que conocía a un excelente observador crítico de su generación.

Después de alegar mi pertinaz curiosidad para que me dejara leer algo más, me mandó *En cualquier otra parte...* Y aquí se disparó la temperatura. A mi entender, se trataba de una muy buena obra; no solamente era el producto de un observador crítico, sino la destilación de todo un dramaturgo.

Las pocas personas que tenían el texto aún no se habían pronunciado, y a mí me tocaba dar mi opinión. Recuerdo que constantemente le repetía que debía contrastar mi parecer con el de otra gente, que a mí me parecía algo muy serio, pero que debía escuchar otras voces, quizá más autorizadas.

Pocos días después pudimos encontrarnos para charlar de la obra. Fue en este encuentro cuando pude constatar que Àlex había elaborado el texto con consciente responsabilidad y que, por tanto, la casualidad había desempeñado un papel muy anecdótico. La "delgadez" de algunas escenas no era más que un juego de alambres que Álex había esculpido a partir de un depurado trabajo de vaciado. Sus personajes, siempre con "su ciudad a los pies de ambos", nos muestran sus impúdicas huellas en nuestras ciudades.

A partir de este encuentro se abrió un periodo de complicidad con Álex para imaginar los futuros pasos de la "criatura". Hasta que llegó la noticia del premio.

Y ahora el encargo para que preceda al texto. Pasen y lean.

Andreu Solsona

En cualquier otra parte...

PERSONAJES

(por orden de intervención)

FELIPE, entre 30 y 40 años
HORACIO, entre 30 y 40 años
CHICA, entre 25 y 35 años

*(Felipe y Horacio no van de uniforme,
pero visten exactamente igual)*

DECORADO

El lugar donde se produce la acción en cada una de las escenas es el mismo: en todas las escenas aparece un coche blanco sobre un suelo de tierra magenta.

Noche. Siempre, noche.

PRIMERA ESCENA

Felipe y Horacio están apoyados sobre su coche. A los pies de ambos, su ciudad. Frente a ellos, su gente.

FELIPE.— El problema es de identificación. Falta identificación.

HORACIO.— *(...)*

FELIPE.— La gente no se identifica con lo que se dice. La gente no se identifica en general. Es que no nos interesa lo que pasa. ¿A quién le importan los dilemas que plantea? Yo no pienso tanto. No pienso tanto en general, y la gente, tampoco.

HORACIO.— *(...)*

FELIPE.— La gente es como tú, como yo. La gente no lee periódicos. La gente los ojea.

HORACIO.— *(...)*

FELIPE.— Les echa un vistazo.

HORACIO.— Como yo.

FELIPE.— Como tú.

HORACIO.— *(...)*

FELIPE.— La gente selecciona la información. A mí no me vengas con dilemas, ¿sabes? No me vengas con dilemas, que me encuentras. La vida es fácil.

HORACIO.— Es fácil.

FELIPE.— Es fácil, amigo.

Pausa.

África no existe.

HORACIO.— ¿...?

FELIPE.— África...

HORACIO.— Ya.

FELIPE.— Los huracanes no existen...

HORACIO.— Hombre...

FELIPE.— Es que no queremos verlos...

HORACIO.— Ah...

FELIPE.— A partir de primaria no los estudiamos... No nos interesan...

HORACIO.— Ya...

FELIPE.— A mí me tocan las narices y "pum", hostia. Y si no puedo *meterle* yo..., ya le mandaré un regalito. ¿Me entiendes? Siempre hay soluciones para todo. Al final, cada uno tiene lo suyo.

HORACIO.— Sí, eso es verdad.

FELIPE.— Tanto comerse la olla con si hago bien o hago mal. Pero qué dilema. La gente es como es.

HORACIO.— Ya.

Pausa.

FELIPE.— En realidad, nos pagan por nuestra paciencia.

HORACIO.— *(...)*

FELIPE.— ¿Sabes dónde funciona esto?

HORACIO.— ¿Eh?

FELIPE.— ¿Sabes dónde funcionan esas películas?

HORACIO.— No...

FELIPE.— En Estados Unidos.

HORACIO.— Ya.

FELIPE.— Esas películas funcionan en Estados Unidos.

HORACIO.— Allí.

FELIPE.— Allí sí que les entra, ellos se identifican con todo, se identifican en general. Ellos arrasan con todo.

HORACIO.— Sí.

FELIPE.— Son la hostia.

HORACIO.— Sí, sí.

FELIPE.— Ellos son de otra pasta. Están acostumbrados a hacer las cosas a su manera.

HORACIO.— Sí.

Pausa.

FELIPE.— Pero claro, nosotros somos diferentes...

HORACIO.— Ya.

FELIPE.— Menos mal.

Pausa.

Son salvajes, ¿eh?

HORACIO.— Puff...

FELIPE.— ¿Quieres un cigarro?

HORACIO.— Mmm... *(...)* No. *(...)* No, no...

Horacio coge una piedra del suelo y la tira contra el público. Felipe se enciende un cigarro. Pausa.

FELIPE.— Ellos tienen su tradición.

HORACIO.— *(...)*

FELIPE.— Tienen la suya.

HORACIO.— Sí.

FELIPE.— Su cultura, quiero decir...

HORACIO.— Claro.

FELIPE.— La tienen.

HORACIO.— Sí, sí...

Pausa.

HORACIO.— Ellos no necesitan a los de inmigración.

FELIPE.— ¡Qué va!

Pausa.

FELIPE.— La verdad es que sí que les entra, sí.

HORACIO.— Sí.

FELIPE.— A los americanos, digo...

HORACIO.— Ah.

FELIPE.— A los americanos de arriba, ¿eh? *(...)* No todos son igual de americanos...

HORACIO.— Ya, ya... *(...)* Claro.

Pausa.

FELIPE.— ¿Sabes lo que falta aquí?

HORACIO.— Sí.

FELIPE.— ¿Qué?

HORACIO.— ¿Eh?

FELIPE.— ¿Sabes lo que falta aquí?

HORACIO.— Ah, no, no...

FELIPE.— Películas que hablen de lo que nos pasa a nosotros.

HORACIO.— ¿A mí?

FELIPE.— A mí, a ti... Películas con las que uno se pueda identificar...

HORACIO.— Ya.

Pausa larga.

FELIPE.— Además, como son mucha gente...

HORACIO.— ¿...?

FELIPE.— Muchas razas, mucha gente en Estados Unidos.

HORACIO.— Sí, eso sí.

FELIPE.— Por eso nosotros siempre tenemos que hacer más... Para que nos respeten... No basta con sacar la bandera...

HORACIO.— No.

FELIPE.— No basta. Ellos sacan la bandera y ya está. La gente sabe que después de sacar la bandera viene el himno nacional, los marines, los tanques acorazados, los bombarderos y la bomba atómica...

HORACIO.— Ya.

Pausa.

FELIPE.— Después de la bandera siempre viene el polvo blanco, el boicot internacional, Las Vegas y los fuegos artificiales...

Pausa.

El pack.

HORACIO.— El *pack* completo.

Pausa.

FELIPE.— Aquí falta un himno.

HORACIO.— Sí.

FELIPE.— Un himno de verdad.

HORACIO.— Sí...

FELIPE.— Pero es que tampoco lo queremos...

HORACIO.— ¿Eh?

FELIPE.— El himno, que tampoco lo queremos. No lo necesitamos. Que se lo metan por el culo.

HORACIO.— ¿El himno...?

FELIPE.— Sí, sí, el himno...

Pausa.

Que nos dejen en paz, coño, nosotros hacemos las cosas a nuestra manera...

HORACIO.— Sí. *(...)* Sí.

Pausa larga.

FELIPE.— ¿Quieres una cerveza?

HORACIO.— No...

FELIPE.— Yo tampoco.

Pausa larga.

¿Sabes lo que les obligan a hacer a las fuerzas especiales?

HORACIO.— ¿Qué?

FELIPE.— ¿Lo sabes?

HORACIO.— No.

Pausa.

HORACIO.— No, no lo sé. ¿Qué les obligan a hacer?

Pausa.

FELIPE.— ¿Sabes lo que les obligan a hacer a las fuerzas especiales?

HORACIO.— No.

FELIPE.— Ellos trabajan en parejas, ¿no?

HORACIO.— Sí.

FELIPE.— ¿No?

HORACIO.— *(...)*

FELIPE.— Ellos trabajan en parejas como nosotros, ¿no?

HORACIO.— Sí, sí...

FELIPE.— Pues tiran a uno atado de pies y manos a la piscina. Y tiene que esperar a que su compañero se lance a rescatarlo.

HORACIO.— No.

FELIPE.— Pero lo fuerte es que al compañero le vendan los ojos...

HORACIO.— Joder...

FELIPE.— Así que el compañero tiene que hacerse toda la puta piscina...

HORACIO.— Claro.

Pausa.

FELIPE.— ¡Qué manera de hacer el subnormal!

Pausa.

Horacio mira el reloj.

¿Cómo está?

HORACIO.— ¿Quién?

FELIPE.— Tu mujer.

Pausa.

Hoy te ha llamado tu mujer, ¿no?

HORACIO.— Sí.

FELIPE.— Ya.

Pausa.

(Señalando a la ciudad) ¿Has visto esto?

HORACIO.— Sí.

FELIPE.— ¿Sí?

HORACIO.— Sí, sí…

Pausa.

FELIPE.— Es una pasada...

HORACIO.— Ya, ya lo he visto.

Pausa.

FELIPE.— ¿Sabes lo que era antes?

HORACIO.— ¿El qué?

FELIPE.— Esto.

HORACIO.— No.

Pausa.

FELIPE.— ¿Sabes lo que era esto, antes de que lo prohibieran? ¿Sabes lo que era?

HORACIO.— No, no...

Pausa.

FELIPE.— Por culpa de esos cabrones, lo están prohibiendo todo...

Pausa.

HORACIO.— No sé qué era antes.

FELIPE.— ¿Eh?

HORACIO.— Que no sé qué es lo que era.

FELIPE.— ¿Antes?

HORACIO.— Sí.

FELIPE.— ¿Antes de que lo prohibieran?

HORACIO.— Sí, sí...

Pausa.

FELIPE.— Un picadero.

HORACIO.— No.

FELIPE.— Sí. Un picadero.

HORACIO.— Va.

FELIPE.— Era un puto picadero. Los pijos de la urbe subían aquí a picarse a sus novias adolescentes. Decían que era una forma de rendir homenaje a la ciudad... Aquí, venga... Supongo que era una forma de dedicárselo a su pueblo, a su gente.

HORACIO.— ¿Sí?

FELIPE.— En serio.

HORACIO.— *(...)*

FELIPE.— De verdad...

Pausa.

HORACIO.— Es curioso, ¿no? Un picadero...

FELIPE.— Un puto picadero...

Pausa larga. Felipe se queda sólo mirando la ciudad.

¿Quieres una *burguer?* He traído un par de *burguers*.

HORACIO.— No. No, no, gracias. *¿Burguers?*

FELIPE.— Sí.

Pausa larga.

Bueno...

Suena el teléfono de Horacio. Contesta.

HORACIO.— Sí. Muy bien. Confirmado.

Oscuro.

Segunda escena

A la vez que Horacio mantiene la conversación telefónica, Felipe saca del maletero del coche a una persona semiconsciente, esposada y encapuchada, y la lleva a una de las esquinas del escenario, donde le pega un tiro en la nuca. El disparo coincide con el final de la conversación de Horacio.

HORACIO.— ¿¡Qué más te da!? ¡Es que me da igual! ¡Me da exactamente lo mismo! ¿Cómo has podido...? Es increíble. *(...)* Vamos... ¡Por favor! Asume, María, asume... *(...)* Claro que te dejo hablar, joder, pues si eres tú la que estás hablando todo el rato. *(...)* Ahora no me basta *(...)* No, no basta con decirlo. *(...)* Claro que es *(...)* No. *(...)* No, no, no, para, para, stop, no es una cuestión *(...)* Pues no lo sé. ¿Sinceramente, te importa...? *(...)* En un hotel. Sí, en un hotel. ¿Y qué querías? *(...)* Pero ahora qué más te da. *(...)* No, no, ahora no es el momento *(...)* Sí, ahora *(...)* ¿¡Qué dices!? ¡¿Qué coño estás diciendo?! Es increíble... Es muy fuerte, María, es muy, muy *(...)* ¿Pero...? ¡Me has echado de casa, joder, cómo quieres que no esté raro... *(...)* ¡Claro que estoy...! *(...)* No, no, yo no te lo *(...)* No, no. *(...)* Es igual. *(...)* No, es que no es eso... Ahora, asume, María, asume, joder... *(...)* ¡No!, yo no tengo *(...)* ¡No! ¿Pero qué he hecho yo? Es que me da igual. *(...)* Sí. *(...)* Ya te lo he dicho. *(...)* No lo sé. *(...)* Sí, de puta madre, ¿no lo ves? Oye, mira, yo estoy trabajando, yo trabajo, ¿sabes? No me... *(...)* Pues muy bien. *(...)* Es que me parece increíble. En serio. *(...)* ¿Pero qué quieres más? *(...)* Es igual. *(...)* Sí, has sido tú. Es increíble. *(...)* Muy bien. *(...)* No. *(...)* No, no... *(...)* Muy bien. *(...)* Y tú.

Cuelga.

Oscuro.

TERCERA ESCENA

A los pies de ambos, su ciudad.

FELIPE.— Lección básica del Código de Supervivencia: "Tu color preferido". Siempre tienes que tener un color preferido, por muy tonto que seas, no hace falta que lo mantengas toda la vida, pero sí que siempre tengas uno. El mío, por ejemplo, es el rojo, aunque de pequeño era el amarillo.

HORACIO.— *(...)*

FELIPE.— Amigo, la gente tiene un color preferido. Todo el mundo tiene su color preferido. Es una de las primeras preguntas que te hacen cuando tienes uso de razón.

HORACIO.— Uso de razón.

FELIPE.— Sí.

Pausa.

HORACIO.— No sé. Quizá el cobrizo...

FELIPE.— El cobrizo.

HORACIO.— Sí, el cobrizo.

FELIPE.— Bueno. Muy bien, el cobrizo. Es bonito, el cobrizo. Ante la pregunta de cuál es tu color preferido, siempre tienes que contestar... tu color preferido. Ejemplo: ¿Cuál es tu color preferido? El cobrizo. Muy bien. Es bonito, el cobrizo. Gracias ¿Y el tuyo? El rojo. Mmmm... Pero nunca... ¿Cuál es tu color preferido? No tengo. NO. O... ¿Cuál es tu color preferido? Mmmm... No lo sé... NO.

HORACIO.— Ya.

FELIPE.— O... ¿Cuál es tu color preferido? Nunca me lo he planteado, en realidad tengo muchos. FATAL.

HORACIO.— Fatal, ¿no?

FELIPE.— Fatal.

HORACIO.— Ya.

FELIPE.— Tampoco se puede decir: Yo tengo dos.

HORACIO.— No.

FELIPE.— NO. No se puede.

HORACIO.— No.

FELIPE.— ¿Yo tengo dos?

HORACIO.— Sí.

FELIPE.— No.

HORACIO.— No se puede...

FELIPE.— ¡Qué va!

HORACIO.— Ya.

FELIPE.— A ver... Tú puedes tener dos. Pero en clandestinidad. Por ejemplo, tú puedes mantener el cobrizo formalmente y después que, yo qué sé, que para vestir te guste más el azul. Perfecto. Nadie tiene por qué enterarse. Lo importante es que cuando te pregunten... ¿Cuál es tu color preferido? Tú digas...

HORACIO.— El cobrizo.

FELIPE.— Es bonito, el cobrizo.

HORACIO.— Sí, es bonito.

Felipe asiente con la cabeza.

FELIPE.— ¿Lo entiendes?

HORACIO.— Sí, ahora sí...

Pausa larga.

FELIPE.— A la gente le gusta vivir tranquila... Vivir en paz. Seguro que tu familia quiere vivir tranquila...

HORACIO.— Seguro que sí.

FELIPE.— Es importante mantener el control. No perderlo.

HORACIO.— Claro.

FELIPE.— ¿Quieres un cigarro?

HORACIO.— No, no... Ahora, no...

Pausa larga.

FELIPE.— Ya ves...

Pausa.

FELIPE.— En realidad, nos pagan por comer, beber, fumar y dormir...

Pausa larga.

Tú estás en la calle y te estás comiendo un trozo de pan, hay dos palomas..., tiras el trozo de pan a un punto equidistante entre ambas... ¿Quién se lo come?

HORACIO.— No lo sé.

FELIPE.— ¿Quién se lo come?

HORACIO.— *(...)*

FELIPE.— La más gorda.

HORACIO.— Claro.

FELIPE.— Y eso ellas no lo han aprendido en la enciclopedia.

Pausa.

Siempre se lo come la más gorda, por muy tonta que sea.

HORACIO.— Ya.

FELIPE.— Es una cuestión de supervivencia. Pero ese manual no se compra. No todo está en los libros.

HORACIO.— ¡Qué va!

FELIPE.— Que yo leo bastante, ¿eh? Pero que... No sé... Con los libros pienso que tampoco es bueno obsesionarse.

HORACIO.— Ya.

FELIPE.— Hay mucho inepto escribiendo. A cada uno le sirve lo suyo...

HORACIO.— Sí.

FELIPE.— Su experiencia, digo.

HORACIO.— Claro.

Pausa.

FELIPE.— Hay que saber lo que uno lee. No leer por leer. A veces hay que sufrir un poquito, no quedarte con el primer díptico que te dan...

Pausa larga.

¿Has visto esto?

HORACIO.— Sí.

FELIPE.— ¿Sí?

HORACIO.— Sí, sí…

Pausa.

FELIPE.— Es una pasada...

HORACIO.— Ya, ya lo he visto.

Pausa.

FELIPE.— ¿Quieres una cerveza?

Pausa.

HORACIO.— No, no, no..., gracias...

FELIPE.— He comprado unas cervezas...

HORACIO.— Ya.

FELIPE.— Todavía están frías...

HORACIO.— *(...)* No, no, gracias.

FELIPE.— Va, que te saco una...

Felipe va a buscarla.

HORACIO.— En serio, no me apetece...

FELIPE.— Va.

HORACIO.— De verdad, no la quiero.

FELIPE.— Pues te la dejas o la tiras. Ten.

HORACIO.— Gracias.

Pausa.

FELIPE.— Vamos, amigo...

Pausa.

Oscuro.

CUARTA ESCENA

A los pies de ambos, su ciudad.

Silencio largo.

HORACIO.— Es que yo creo que tampoco tenía motivos...

FELIPE.— ¿Eh?

HORACIO.— Motivos...

FELIPE.— Bueno...

Pausa.

HORACIO.— No era para tanto.

FELIPE.— ¿El qué?

HORACIO.— Esto. *(...)* No sé... *(...)* Yo no podía decírselo.

FELIPE.— No. Claro.

HORACIO.— Yo no podía decírselo, Felipe.

Pausa.

FELIPE.— Te hubieras buscado problemas...

HORACIO.— Claro. Me hubiera buscado problemas.

Pausa.

Ella no entendía muchas cosas...

FELIPE.— *(...)*

HORACIO.— Aún ahora no las entiende.

FELIPE.— *(...)*

HORACIO.— No entendía por qué a veces no le contestaba el teléfono, por qué a veces llegaba tan tarde, por qué a veces estaba tres días sin aparecer...

FELIPE.— Claro.

Pausa larga.

HORACIO.— Pero, vamos a ver... En el fondo, todo el mundo tiene sus secretos... Tiene sus cosas.

FELIPE.— Sí, eso sí.

HORACIO.— La gente tiene sus líos y no lo va contando por ahí.

FELIPE.— Es verdad.

HORACIO.— Saben que es temporal.

FELIPE.— Sí.

HORACIO.— Esto es temporal, joder, no vamos a estar en guerra toda la vida.

FELIPE.— No..., por favor...

Pausa.

Además, en el fondo, lo haces por su bien...

HORACIO.— ¿Sí?

FELIPE.— Claro, tú vuelves a casa y cuidas a tu familia... Te preocupas por su seguridad...

HORACIO.— Ya, eso sí.

FELIPE.— En realidad, nos pagan por eso.

Pausa larga.

HORACIO.— Yo creo que tampoco hay que contarlo todo.

FELIPE.— No.

HORACIO.— Explicarlo todo.

FELIPE.— Para nada.

Pausa.

HORACIO.— Yo odio a esas parejas que lo hacen todo juntos. "No, es que nos lo explicamos todo".

FELIPE.— Sí.

HORACIO.— Que se vayan a la mierda.

FELIPE.— Sí.

HORACIO.— Que se vayan a la mierda, hombre.

FELIPE.— Sí.

HORACIO.— No hace falta.

FELIPE.— ¡Qué va!

Pausa.

HORACIO.— Yo odio a esas parejas que lo hacen todo juntos. Las odio.

FELIPE.— *(...)*

HORACIO.— "Nos lo contamos todo...".

FELIPE.— Sí...

HORACIO.— ¡Y una mierda!

Pausa.

Que respeten mi territorio, joder. "*I am free*. Yo te quiero, pero *I am free*".

Pausa.

Yo tengo mis cosas, mis aventuras, y tampoco hace falta contarlo todo. ¿Sabes de lo que te hablo, no?

FELIPE.— Perfectamente.

HORACIO.— "Cariño, voy a poner una lavadora. Cariño, voy a por la carne, que *el Antonio* me la tiene preparada, cariño esto, cariño lo otro...". No hace falta.

FELIPE.— ¡Qué va!

Pausa.

HORACIO.— A la mierda...

FELIPE.— Sí.

HORACIO.— A cada uno le sirve lo suyo...

Pausa.

Aquí estoy yo, ¿sabes?

FELIPE.— Sí.

HORACIO.— Aquí estoy yo.

Pausa.

Que respeten mi parcela...

Pausa larga.

¡Que se vayan a la mierda!

Pausa.

FELIPE.— ¿Quieres un cigarro?

HORACIO.— Sí.

Pausa larga.

Oscuro.

QUINTA ESCENA

A los pies de ambos, su ciudad.

Silencio.

FELIPE.— Lección básica del Código de Supervivencia: "Expectativas".

HORACIO.— ¿Expectativas?

FELIPE.— Expectativas... Falsas expectativas.

HORACIO.— Ah.

FELIPE.— Esta lección es la hostia...

Pausa.

Todo el mundo se crea unas expectativas, por muy tonto que sea. Tú tienes dos pasteles en casa... Uno de pastelería y el otro de estos prefabricados... ¿Cuál te comes primero?

HORACIO.— ¿Eh?

FELIPE.— ¿Cuál te comes primero?

HORACIO.— No sé...

FELIPE.— Es importante, amigo. Es importante que estés seguro.

Pausa.

HORACIO.— ¿Me puedes repetir la pregunta?

FELIPE.— Claro. Tú tienes dos pasteles en casa, uno bueno, uno de pastelería, y el otro, prefabricado...

HORACIO.— El otro *pre-fabricado.*

FELIPE.— Sí... ¿Cuál te comes primero?

HORACIO.— ¿Primero?

FELIPE.— Sí.

Pausa.

HORACIO.— A ver...

FELIPE.— No pasa nada, ¿eh?

HORACIO.— Ya, ya... No lo sé, Felipe...

FELIPE.— *(...)*

HORACIO.— A ver... Yo me comería primero el prefabricado...

FELIPE.— ¿Seguro?

HORACIO.— Sí.

Pausa.

Me comería primero el *pre-fabricado* y después el de pastelería...

FELIPE.— Te comerías el prefabricado primero y te dejarías el de pastelería para el final...

HORACIO.— Sí.

FELIPE.— Para disfrutarlo tranquilamente.

HORACIO.— Sí, para disfrutarlo.

FELIPE.— Como te gusta más...

HORACIO.— Claro.

FELIPE.— Te dejarías el bueno para el final...

HORACIO.— Sí.

FELIPE.— Para degustarlo mejor.

HORACIO.— Sí. Básicamente, para eso.

FELIPE.— Escogerías primero...

HORACIO.— ... El pastel prefabricado.

FELIPE.— Sí..., y luego...

HORACIO.— Luego..., el de pastelería...

FELIPE.— Muy bien. Escogerías primero el malo y después el bueno, el de pastelería.

HORACIO.— Sí.

FELIPE.— Para disfrutarlo.

HORACIO.— Sí.

FELIPE.— Es decir, te comerías el prefabricado y una vez estuvieras hasta el culo de pastel, una vez que ya te saliera pastel prefabricado por las orejas..., entonces irías a comerte el otro...

HORACIO.— Sí.

FELIPE.— Para degustarlo mejor...

Pausa.

Como te gusta más...

Pausa.

¿Te das cuenta?

HORACIO.— Ya.

FELIPE.— ¿Eh?

HORACIO.— Sí, sí...

FELIPE.— Te has empachado...

HORACIO.— Ya.

FELIPE.— Te has puesto hasta arriba de pastel prefabricado...

HORACIO.— Ya.

FELIPE.— Se te sale por las orejas... No vas a poder disfrutar del segundo pastel... Esperas demasiado de él.

HORACIO.— *(...)*

FELIPE.— Te has creado unas expectativas... Y la has cagado.

HORACIO.— Pues sí.

FELIPE.— Piensas que el de pastelería te sabrá mucho mejor... Y no va a ser así... Vas a querer vomitarlo...

HORACIO.— El de pastelería...

FELIPE.— Sí, sí...

Pausa.

Como éste es prefabricado... Es más barato... El otro me sabrá mejor...

HORACIO.— Ya.

FELIPE.— Y no.

HORACIO.— No...

FELIPE.— No exactamente...

Pausa.

HORACIO.— ¿Son más baratos los prefabricados, no?

FELIPE.— Sí. Mucho más.

HORACIO.— Claro.

Pausa.

FELIPE.— No va a ser lo que esperabas. Vas a comértelo y vas a querer vomitar.

HORACIO.— ¿El de pastelería?

FELIPE.— Claro.

Pausa.

Y ese pastel no tiene la culpa, el único crimen que ha cometido es ser el segundo, y encima él no lo ha escogido...

HORACIO.— Ya. *(...)* ¡Joder!

FELIPE.— ¿Lo ves? Te empachas de pastel, amigo.

HORACIO.— Ya.

Pausa.

FELIPE.— Es un tema que está aquí, ¿no? El tema de las expectativas, falsas expectativas, en relación con lo que hemos vivido...

HORACIO.— Pasteles prefabricados...

FELIPE.— Sí. Lección básica...

HORACIO.— No se pueden comparar con los auténticos...

FELIPE.— Eso es, no se pueden comparar...

Pausa.

HORACIO.— Pasteles prefabricados... Existen los pasteles *prefabricados*, ¿no?

FELIPE.— Sí, claro.

HORACIO.— Ya, ya...

Pausa.

FELIPE.— ¿Quieres algo de comer...? He traído unos espaguetis...

HORACIO.— ¿Espaguetis?

FELIPE.— Sí. Es pasta. Están muy buenos…

HORACIO.— *(...)* No...

FELIPE.— ¿Seguro?

HORACIO.— No, no. No quiero nada, de verdad...

FELIPE.— Pues te espero...

HORACIO.— No, si tienes hambre, come tú...

FELIPE.— No, no, te espero...

HORACIO.— No hace falta...

FELIPE.— Que sí...

HORACIO.— Bueno, tú mismo...

FELIPE.— Sí.

Pausa. Suena el teléfono de Horacio. Contesta.

HORACIO.— Muy bien. *(Cuelga)* ¿Vamos?

Oscuro.

Sexta escena

A los pies de ambos, su ciudad.

Felipe.— ¡Ahggg! Cómo ha cambiado esta mierda, ¿eh?

Horacio.— Sí.

Felipe.— Ya no podemos ni disfrutar de un día de fiesta. Por culpa de algunos cabrones, estamos pagando todos.

Horacio.— Sí.

Pausa.

No sé si llamarla...

Felipe.— ¿Eh?

Horacio.— No sé si llamarla… A María. No sé si llamarla.

Felipe.— Espérate, ¿no? Todavía no lo sabes seguro...

Horacio.— Sí, sí, se ha enterado seguro... No sé cómo, pero se ha enterado.

Pausa.

FELIPE.— *(...)* No sé.

Pausa.

HORACIO.— ¿Qué hago?

Pausa.

FELIPE.— No puedo entenderlo, en serio. ¿Por qué se ha tenido que enterar? Es que ahora sí que cambia todo...

Pausa.

No sé... El problema es que nos adelantamos...

HORACIO.— ¿Eh?

FELIPE.— Nos adelantamos. Queremos entenderlo todo.

HORACIO.— *(...)*

FELIPE.— Esto lo tienen claro en otras culturas. Culturas orientales, más espirituales. Trabajan con el cuerpo, con el espíritu... Aquí lo hacemos todo desde el coco. Nos hacemos preguntas que no tocan.

HORACIO.— ¿No tocan?

FELIPE.— ¡Qué va! *(...)* Que nosotros somos como somos, pero que a veces...

HORACIO.— Ya.

FELIPE.— Abusamos de lo de aquí. *(Felipe señala su cabeza)*

Pausa.

Que no lo cambio, ¿eh?

HORACIO.— No, no...

FELIPE.— Para nada. Nosotros somos como somos, eso está claro. Pero que a veces, no sé, a veces es mejor no adelantarse...

HORACIO.— ¿Sí?

FELIPE.— A las preguntas, quiero decir.

Pausa.

HORACIO.— Ya.

FELIPE.— Tú mismo.

Pausa.

HORACIO.— De todas formas, no tenía que habérmela tirado.

FELIPE.— ¿Eh?

HORACIO.— A la frutera.

FELIPE.— *(...)*

HORACIO.— ¡A la frutera! *(...)* En la frutería.

FELIPE.— Ah, ya.

HORACIO.— No tenía que habérmela tirado.

FELIPE.— Bueno, mira...

HORACIO.— Ya, ya lo sé. Pero no sé, yo no contaba con que María se enterara, la verdad.

FELIPE.— Claro.

HORACIO.— Esto nos ha llegado en el peor momento...

FELIPE.— Mmmm...

Pausa larga.

HORACIO.— Es que no entiendo cómo coño se ha enterado, en serio.

FELIPE.— *(...)*

HORACIO.— Estas viudas son la hostia... Les echas un polvo y ya te quieren enganchar...

Pausa.

Lo siento.

FELIPE.— No, no, tranquilo.

Pausa.

¿Quieres una cerveza?

HORACIO.— Sí, por favor.

Pausa.

Oscuro.

Séptima escena

Mientras Horacio mantiene la conversación telefónica, Felipe lanza piedras al público.

HORACIO.— Oye, oye, fuiste tú, ¿eh?, la que me echaste de casa... Me parece increíble. En serio... ¿Cómo puedes pensar que...? *(...)* Tú estás muy mal, María. Estás muy mal. Yo trabajo, ¿eh? Yo estoy trabajando. *(...)* Pues claro. Pues sí. Yo no soy como tú. *(...)* ¿¡Pero qué dices!? ¿Qué estás diciendo? Tú has sido la que has provocado todo esto. Tú. *(...)* ¿Pero qué frutera? ¿Qué dices? Tú eres una paranoica... ¡Eso es mentira! *(...)* Claro que es mentira. Yo dedico mi tiempo a mi trabajo, y antes, cuando me dejaban, a mi familia. Eres tú la que me has alejado de mis hijas. *(...)* Es increíble que me estés diciendo todo esto. *(...)* Que ya te lo he dicho, que yo no conozco a ninguna frutera...

Oscuro.

OCTAVA ESCENA

A los pies de ambos, su ciudad.

HORACIO.— Es absurdo. Se ve que su hija va a la misma clase que la mía...

FELIPE.— ¿Eh?

HORACIO.— La hija de la frutera. La hija de la frutera va a la misma clase que una de mis hijas...

FELIPE.— Ya.

HORACIO.— Y bueno... Se ve que, de golpe, la niña ésa...

FELIPE.— ¿La de la frutera?

HORACIO.— Sí, sí, la hija de la frutera y la mía han empezado a ser inseparables...

FELIPE.— Con la tuya...

HORACIO.— Sí. Se ve que van juntas a todas partes...

FELIPE.— Ya... ¿Y se ha enterado?

HORACIO.— ¿Eh?

FELIPE.— Por la hija de la frutera... ¿Tu mujer se ha enterado?

HORACIO.— No. Se ve que al principio no pasaba nada... Eso que hacen los críos...

FELIPE.— No sé...

HORACIO.— Sí, se empiezan a vestir igual, van de la manita... Se llaman hermanas...

FELIPE.— ¿Entre ellas?

HORACIO.— Sí, entre ellas. Se llaman hermanas...

FELIPE.— Ah.

HORACIO.— Sí. Les había dado por llamarse hermanas...

FELIPE.— *(...)*

HORACIO.— No, no... Eso se ve que es bastante normal...

FELIPE.— ¿Sí?

HORACIO.— Sí. *(...)* Bueno, es igual... Todo era más o menos normal. Pero la semana pasada se enfadaron...

FELIPE.— Las dos.

HORACIO.— Sí, las dos.

FELIPE.— No...

HORACIO.— Sí. Y la niña ésa...

FELIPE.— ¿La hija de la frutera?

HORACIO.— Sí, sí, la hija de la frutera... Se ve que la niña ésa le dijo que yo era su nuevo padre...

FELIPE.— A tu hija...

HORACIO.— Sí.

FELIPE.— Joder...

HORACIO.— Sí. Supongo que para joderla. Porque no creo que supiera nada...

FELIPE.— *(...)*

HORACIO.— No, no creo que supiera nada, esto los niños lo hacen... Los niños pueden ser muy crueles de pequeños...

FELIPE.— ¿Sí?

HORACIO.— Sí, sí... Le dijo que yo era su nuevo padre y que la iba a abandonar...

FELIPE.— La semana pasada...

HORACIO.— Sí.

FELIPE.— A tu hija...

HORACIO.— Sí, sí...

FELIPE.— Puff...

HORACIO.— Claro. Y se ve que se lió la de Dios.

FELIPE.— Claro. ¿Se pegaron?

HORACIO.— Claro.

FELIPE.— Puff...

HORACIO.— Y ya ves a mi mujer, a la frutera, a mi hija y a la niña ésa en la sala de profesores...

FELIPE.— A la hija...

HORACIO.— Sí.

FELIPE.— No...

HORACIO.— Sí, sí... Y como ahora meten psicólogos en todas partes...

FELIPE.— Ya.

HORACIO.— No, en serio, últimamente estoy de los psicólogos hasta los cojones... Últimamente nos dejamos manipular por los psicólogos...

FELIPE.— *(...)*

HORACIO.— "¿Y por qué esto? ¿Y por qué lo otro?". Como si fueran alimentos o fórmulas químicas. "¿Y por qué piensas esto o lo de más allá? ¿Qué componentes? ¿Qué motivos fisiológicos te llevan a pensarlo?".

FELIPE.— *(...)*

HORACIO.— Y se ve que, al final, salió todo...

FELIPE.— Les...

HORACIO.— Sí...

FELIPE.— Puff...

HORACIO.— Sí, sí... En un momento de catarsis emocional, en plena defensa maternal *a full*, salió todo... *(Pausa)*. Sí.

Pausa larga.

Ahora ya no hay nada que hacer... Es tarde para todo... Pero yo asumo...

Pausa larga.

FELIPE.— El problema aquí es de documentación, falta documentación.

HORACIO.— *(...)*

FELIPE.— Bueno, no es que falte, es que no todo está en los libros...

HORACIO.— *(...)*

FELIPE.— Pero, de momento, es lo único que tenemos...

HORACIO.— Ya.

FELIPE.— Los libros, digo.

HORACIO.— Ya, ya...

FELIPE.— Los libros los escriben los teóricos, y eso es una putada.

HORACIO.— *(...)*

FELIPE.— ¿Tú eres aficionado a la lectura?

HORACIO.— ¿Eh?

FELIPE.— ¿Te gusta leer?

HORACIO.— La verdad es que no leo mucho, pero bueno, sí que soy aficionado...

FELIPE.— Ya.

Pausa.

HORACIO.— Ya. No, tienes razón, quizás debería leer más, pero no sé, la verdad es que nunca encuentro el momento...

FELIPE.— Claro.

HORACIO.— No sé...

FELIPE.— El tema es que tú no sabías cómo tenías que reaccionar porque la situación era imprevisible...

HORACIO.— *(...)*

FELIPE.— Tú no te habías documentado para ese momento.

HORACIO.— *(...)*

FELIPE.— Uno ha de saber qué libros se lee... No nos preparan para esos momentos...

HORACIO.— No, no, yo estoy bien, ¿eh?

Pausa larga.

FELIPE.— El concepto es la *resiliencia...*

HORACIO.— *Resilencia...*

FELIPE.— *Resiliencia...* Supervivencia... Intuición, trabajo del ego, sentido del humor... Cosas que no las enseñan en el colegio...

HORACIO.— Ya.

Pausa.

FELIPE.— Esto es la guerra, amigo.

HORACIO.— ¿Eh?

FELIPE.— Estamos en guerra.

HORACIO.— Ah, ya.

FELIPE.— Y en la guerra vale todo.

HORACIO.— Sí.

FELIPE.— Tú decides si estás con nosotros o no...

HORACIO.— Ya.

FELIPE.— ¿Quieres un cigarro?

HORACIO.— No, es igual.

FELIPE.— Tú decides si eres uno de los nuestros...

HORACIO.— Sí.

FELIPE.— El problema es que ellas están mejor preparadas que nosotros... Hay algo genético...

HORACIO.— ¿Eh?

FELIPE.— Para la supervivencia.

HORACIO.— Ah, ¿sí?

FELIPE.— Tienen más capacidad de sufrimiento...

HORACIO.— No.

FELIPE.— Sí. La tienen.

Pausa.

HORACIO.— Joder, todavía no han llamado...

Pausa.

FELIPE.— ¿Has visto esto?

Pausa.

¿Has visto esto?

HORACIO.— Sí, sí lo he visto.

Pausa.

FELIPE.— Aquí está la solución. Y, en realidad, sólo los tenemos a ellos.

Pausa larga.

HORACIO.— Yo no soy como tú, Felipe. A mí no me gusta volver solo a casa.

Pausa. Horacio mira su reloj.

Joder, menos mal que éste ha parado de aporrear el coche, porque al final me iba a joder el maletero.

Oscuro.

NOVENA ESCENA

A los pies de ambos, su ciudad.

HORACIO.— Ahora sí que se ha acabado... Ahora sí que se ha ido todo a la mierda...

FELIPE.— No, hombre, no.

HORACIO.— ¿Que no?

FELIPE.— La vida da muchas vueltas...

HORACIO.— Se ha acabado...

FELIPE.— No lo sabes...

HORACIO.— Si no me coge ni el teléfono... La conozco... Está con otro, seguro..., pero la mato, ¿eh? Yo la mato.

Pausa.

Yo no puedo vivir sin ella, Felipe, es que no hay nadie como ella...

FELIPE.— Tranquilo, Horacio. No creo que María, por un error, lo tire todo por la borda...

HORACIO.— ¡Oh! Que no...

FELIPE.— Todo el mundo se equivoca...

HORACIO.— Lo fuerte es que antes de saberlo ya lo había hecho... Ya me había echado... Es tan lista, Felipe, tanto... Está claro que no me necesita para nada...

FELIPE.— No digas eso...

HORACIO.— Para nada.

FELIPE.— Oye, si tú le pides perdón...

HORACIO.— No...

FELIPE.— Oye. Si tú le pides perdón... Todo el mundo se equivoca alguna vez...

HORACIO.— No.

FELIPE.— Ella lo tiene que entender...

HORACIO.— Tú no la conoces. Tú no conoces a María. Ella es perfecta. Ella no comete errores... *(...)* Y yo... Mírame... Yo soy un imbécil... Un inútil... Por un polvo de mierda... Un tullido, eso es lo que soy... Un tarado.

FELIPE.— Va. No te machaques...

HORACIO.— Es que no me coge el teléfono... Es que ya está. A la mierda. Eso sí, tendrá que pasar por encima de mi cadáver... Yo me presento ahí, y como esté con otro tío, la rajo. La fulmino. Como me presente allí y esté con otro hombre... Puff... La mato.

FELIPE.— Toma.

Felipe le pasa una cerveza.

HORACIO.— Te juro que la mato. Nos vamos los dos a la mierda.

FELIPE.— No, hombre, no. Eso es que estás pasando un mal momento...

HORACIO.— Ya lo verás...

FELIPE.— No...

HORACIO.— Es que, si no, si dejo que me la quiten, es que soy una mierda...

FELIPE.— A ver...

HORACIO.— Entonces sí que soy un tarado de mierda. Que es otra posibilidad, ser una mierda y dejar que me la quiten. Si soy una mierda, soy una mierda.

FELIPE.— No...

HORACIO.— Si soy una mierda, yo lo asumo.

FELIPE.— No...

HORACIO.— Si soy una mierda, soy una mierda, y punto.

FELIPE.— A ver...

HORACIO.— No tengo huevos de defender lo mío y soy una mierda. Ésa es la otra posibilidad.

FELIPE.— No digas eso.

Pausa.

Va.

Pausa.

HORACIO.— La mato...

FELIPE.— No...

HORACIO.— Que me encierren, en serio, que me encierren en algún sitio, porque me vuelvo loco y la mato...

FELIPE.— No hace falta...

HORACIO.— Te juro que lo hago.

FELIPE.— Nooo...

HORACIO.— Bueno...

Pausa larga.

¡Me cago en la puta!

FELIPE.— Cálmate, Horacio.

Pausa.

No creo que sea el momento para sacar conclusiones...

Pausa.

Toma. *(Le da una cerveza)*

HORACIO.— Gracias.

Pausa larga.

Oscuro.

DÉCIMA ESCENA

Felipe habla al público, Horacio arrastra un saco.

FELIPE.— No se trata de hacer historia... Se trata de dar a tiempo el relevo... Que yo también tengo mis cosas, ¿eh?

Pausa.

Los tiempos cambian. Por mucho que uno no quiera. Aquí últimamente la gente opta por comprarse sus propias armas y crear su propio ejército... Cubrirse los hombros y tener sus guardaespaldas. La Corona ha muerto. La gente no quiere reyes. Ni países. Ni banderas.

Pausa.

Quizá es el momento de buscar mi vocación, ahora que vuestra necesidad está cubierta. Podría hacerme poeta o pintor...

HORACIO.— Oye, Felipe, ¿me echas una mano?, que éste pesa un huevo...

Horacio tira el saco por la cuneta.

Oscuro.

Undécima escena

Horacio y Felipe están apoyados sobre la parte delantera del coche. Miran en silencio al público. Silencio.

Silencio.

Silencio.

Oscuro.

DUODÉCIMA ESCENA

A los pies de ambos, su ciudad.

FELIPE.— Vi la segunda parte...

HORACIO.— ¿Sí?

FELIPE.— Sí.

HORACIO.— *(...)*

FELIPE.— De la película, digo.

HORACIO.— ¿Y qué?

FELIPE.— Peor que la primera...

HORACIO.— No...

FELIPE.— Sí. Se deben de identificar en su pueblo, porque yo...

HORACIO.— ¿Sí?

FELIPE.— Sí. Eso debía pasar en otra época, porque ahora...

HORACIO.— Ya.

FELIPE.— Más yanqui todavía y peor que la primera.

HORACIO.— ¿Sí? Yo la quiero ver...

FELIPE.— No te pierdes nada...

HORACIO.— Bueno, pero me gustaría verla...

Pausa.

FELIPE.— He traído un par de bocadillos...

HORACIO.— ¿Ah, sí? Gracias.

Pausa.

FELIPE.— Ten.

Pausa larga.

Aún tenemos suerte...

HORACIO.— *(...)*

FELIPE.— Hay que sentirse afortunado... Dar las gracias...

HORACIO.— ¿Sí?

FELIPE.— Sí. Podríamos tener muchos más problemas de los que tenemos...

HORACIO.— Puff...

FELIPE.— Dentro de lo que cabe, aquí se está tranquilo.

Pausa.

En general, digo.

HORACIO.— Sí, sí...

FELIPE.— Aunque nunca te puedes fiar del todo...

HORACIO.— ¿...?

FELIPE.— Que cualquier día te dan un susto...

FELIPE.— ¿A mí?

Pausa.

Esa gente está muy preparada, Horacio.

HORACIO.— Ya.

Pausa.

FELIPE.— ¿Quieres algo de beber?

HORACIO.— Mmm... Sí...

FELIPE.— Ten.

HORACIO.— Gracias.

Pausa.

FELIPE.— Que yo también tengo mis cosas, ¿eh?

HORACIO.— Seguro...

FELIPE.— Pero que aquí se está muy bien, qué cojones...

—

Pausa.

HORACIO.— No, yo ahora estoy contento...

FELIPE.— ¿Sí?

HORACIO.— Sí. *(...)* Al final te das cuenta de que todo se supera... *(...)* Es una cuestión de tiempo.

FELIPE.— Claro, hombre, si ya te lo decía.

HORACIO.— Lo importante es que estemos juntos otra vez.

FELIPE.— ¿Eh?

HORACIO.— María y yo.

FELIPE.— Sí, sí.

HORACIO.— Lo hemos pasado mal, pero... Hay que saber perdonar... María y yo tenemos nuestras cosas, pero...

FELIPE.— Claro.

HORACIO.— Lo importante es superar los baches... Todas las parejas tienen sus problemas, pero lo importante es superarlos.

FELIPE.— Sí.

Pausa.

Código de Supervivencia. Lección 20: "Siempre hay que tener un compañero de aventuras". Por muy tonto que seas. Hay gente que lo prefiere en hombre, y otros, en mujer. Pero es imprescindible para sobrevivir. Y más teniendo en cuenta que estamos en guerra.

HORACIO.— Sí, sí... Para superar estos problemas hay que hablar las cosas.

FELIPE.— ¿Sí?

HORACIO.— Comunicarse.

FELIPE.— *(...)*

HORACIO.— Hablarlo todo.

FELIPE.— No sé...

Pausa.

HORACIO.— Está bueno... ¿Tú no lo quieres?

FELIPE.— No, toma.

Pausa.

(Iluminado) ¿Has visto esto?

HORACIO.— Sí, sí... Cómo ha cambiado esta mierda, ¿eh?

FELIPE.— *(...)*

HORACIO.— Con lo que nos costó reconstruirlo...

Pausa.

FELIPE.— *(Muy agresivo)* ¿Por qué no nos dejarán tranquilos, coño?

HORACIO.— *(Extrañado)* Por culpa de esos cabrones...

Pausa.

FELIPE.— *(Susurrando al público)* Aquí estamos. Una vez más. Y, en el fondo, estamos aquí por vosotros, aunque a veces os odie...

HORACIO.— *(Prudente)*¿Qué haces?

FELIPE.— ¿Yo?

HORACIO.— Sí, ¿qué estás haciendo?

FELIPE.— Nada.

HORACIO.— ¿Hablas solo?

FELIPE.— ¡Qué va!

Pausa larga.

(Sobrio) ¿Qué tal?

HORACIO.— Muy bueno...

FELIPE.— ¿Sí?

HORACIO.— Sí. Muy bueno...

FELIPE.— Es mole.

HORACIO.— ¿Mole?

FELIPE.— Sí.

HORACIO.— Está buenísimo...

Pausa.

Deben de estar teniendo mucho trabajo últimamente, porque cada vez tardan más en llamar.

FELIPE.— Sí.

HORACIO.— Yo es que, si no tengo nada de comer, me muero de hambre. *(Ofreciéndole bocadillo)* ¿Quieres?

FELIPE.— No, no...

Pausa.

HORACIO.— Estoy pensando en un cambio de urbanización, un destino diferente...

FELIPE.— ¿Por qué? *(...)* ¿Te has cansado?

HORACIO.— Bueno...

FELIPE.— ¿Tienes ganas de pasar a la acción?

HORACIO.— *(...)*

FELIPE.— Tanta práctica y a la hora de la verdad...

HORACIO.— No, no es eso... No sé.

FELIPE.— La gente tiene una idea equivocada de lo que es esto, ¿sabes? Se piensa que es pim, pam, pum, fuego... Y no.

HORACIO.— Ya, pero no es eso...

Pausa.

FELIPE.— Las cosas son diferentes.

HORACIO.— *(...)*

FELIPE.— Siempre lo son.

Pausa.

HORACIO.— Falsas expectativas, ¿no?

FELIPE.— ¿Eh?

HORACIO.— Falsas expectativas... Te esperas otra cosa y...

FELIPE.— No.

HORACIO.— Lo de los pasteles...

FELIPE.— No, no.

HORACIO.— ¿No?

FELIPE.— No exactamente...

HORACIO.— Ah.

FELIPE.— No.

Pausa.

HORACIO.— Ya. No sé.

FELIPE.— ¿Sabes cuál es el problema?

HORACIO.— *(...)*

FELIPE.— ¿Sabes cuál es el problema, amigo?

HORACIO.— No...

FELIPE.— El problema es de referentes.

HORACIO.— De referentes...

FELIPE.— Los referentes que tenemos son falsos, no hay documentales sobre esta mierda...

HORACIO.— Ya.

FELIPE.— Aquí no quiso venir la National Geographic.

HORACIO.— *(...)*

FELIPE.— No lo digo por ti, ¿eh?

HORACIO.— No, no...

FELIPE.— La gente se piensa que esto es como en las películas... Cuatro mafiosos pegando tiros...

HORACIO.— Sí.

FELIPE.— Y no.

HORACIO.— No.

FELIPE.— No es así.

HORACIO.— ¡Qué va!

FELIPE.— No es así exactamente.

HORACIO.— *(...)*

FELIPE.— La gente en general tiene un concepto equivocado de lo que es esto. Nosotros tenemos una responsabilidad. Esto es muy duro. Hay que estar muy preparado...

Suena el teléfono de Horacio.

Sobre todo, de aquí. (*Se señala la cabeza*)

Pausa.

Sigue sonando el teléfono de Horacio.

El teléfono.

HORACIO.— (*Al aparato*) Sí.

Oscuro.

Decimotercera escena

Mientras Horacio habla por teléfono, Felipe lanza cosas al público.

HORACIO.— ¿Dónde voy a estar, María, cariño? Trabajando, estoy trabajando. Dime. *(...)* Muy bien. *(...)* Estoy solo. *(...)* Claro. No, no es que me moleste, es que no puedo hablar. *(...)* No..., es que aquí no hay ninguna mujer... Es imposible. No puedes haber oído a ninguna mujer. Estoy solo. Sí. Con mi compañero. *(...)* Es igual. *(...)* No lo sé, cariño. En serio, no lo sé. *(...)* Pues llama al médico...

Pausa larga.

Pues no la lleves. A ver, tú me lo has preguntado, yo creo que es una tontería, pero si tú te vas a quedar más tranquila...

Pausa larga.

Mira, te voy a tener que colgar. *(...)* Porque no puedo. *(...)* Claro que me importa, ¿cómo no me va importar? Pero es que no me puedes llamar ahora *(...)* ¿Qué dices? *(...)* Sí. *(...)* Cariño, es que tengo... *(...)* ¡Claro que me importan! De verdad... Pero ahora tengo que colgar. *(...)* Lo más rápido que pueda, de verdad. *(...)* ¿Pero por qué volvemos al mismo tema? Ya está. Es pasado. *(...)* No... *(...)* Ya sé que ha sido duro, joder, claro que lo sé. Para mí también. *(...)* Lo siento. *(...)* No. *(...)* ¿Y qué más puedo hacer? ¿Qué quieres que haga? *(...)* Ya, ya lo estoy haciendo... *(...)* Claro. Mañana hablamos. Ya está *(...)* Sí. *(...)* Y yo. Adiós.

Oscuro.

DECIMOCUARTA ESCENA

A los pies de ambos, su ciudad.

FELIPE.— Venga, amigo..., si no pasa nada, a mí me lo puedes contar...

HORACIO.— No, en serio...

FELIPE.— No has vuelto a ver a la taxista...

HORACIO.— ¿A qué taxista?

FELIPE.— Me dijiste que ahora te estabas tirando a una taxista...

HORACIO.— ¿A la taxista? No, hombre, no.

FELIPE.— Tú me lo dijiste...

HORACIO.— Ya no...

FELIPE.— ¿Ya no la ves?

HORACIO.— No, hace tiempo.

FELIPE.— ¿No la has vuelto a ver?

HORACIO.— Que no...

FELIPE.— ¿Ni una vez...?

HORACIO.— No...

FELIPE.— ¿Ni la has llamado, ni nada...?

HORACIO.— No, de verdad...

FELIPE.— *(...)*

HORACIO.— Ya está, esta vez se acabó. A partir de ahora quiero hacer las cosas bien...

Pausa.

FELIPE.— No, si a mí me parece perfecto, pero como siempre dices lo mismo...

(Al público, tras una pausa larga. Al borde del susurro) Y seguimos aquí... Sin saber cuántos son. Sin tener la seguridad de que no han descubierto quién somos. Sin estar seguros de que no nos escuchan.

Pausa.

HORACIO.— Es un libro de autoayuda, ¿verdad?

FELIPE.— ¿Eh?

HORACIO.— El libro ése, el de los códigos, es un libro de autoayuda, ¿verdad?

FELIPE.— ¿De autoayuda?

HORACIO.— Sí.

FELIPE.— De “auto-ayuda”...

HORACIO.— Sí.

FELIPE.— ¡Qué va!

HORACIO.— No.

FELIPE.— Para nada...

HORACIO.— Ya...

FELIPE.— No exactamente...

HORACIO.— ¿No es de autoayuda...?

FELIPE.— No, yo creo que no, vamos... No, yo pienso que no.

Pausa.

HORACIO.— Es que yo no creo en toda esa mierda... Pienso que es un engañabobos...

FELIPE.— Para nada es de autoayuda.

HORACIO.— ¿Seguro?

FELIPE.— Segurísimo, en serio.

HORACIO.— Es que a mí todo eso de las terapias me da como grima, ¿sabes?

FELIPE.— Sí, sí...

HORACIO.— Los psicólogos y esa mierda...

FELIPE.— No es de autoayuda...

HORACIO.— Vale, vale...

Pausa.

Bueno, cuando acabes, déjamelo, que le echaré un vistazo.

FELIPE.— Claro.

Pausa larga. Fuman.

FELIPE.— Me alegro de que lo hayáis arreglado todo... No era fácil...

HORACIO.— ¿Eh?

FELIPE.— Con tu mujer.

HORACIO.— *(...)*

FELIPE.— Antes te ha vuelto a llamar tu mujer, ¿no?

Pausa.

¿Quieres un cigarro?

HORACIO.— Mmm... No.

FELIPE.— Muy bien.

Pausa larga.

HORACIO.— Pues yo creo que tampoco estaba tan mal...

FELIPE.— ¿Quién?

HORACIO.— La película...

FELIPE.— ¿Qué película?

HORACIO.— La película del otro día... La película americana...

FELIPE.— No.

HORACIO.— A mí hubo trozos que me gustaron...

FELIPE.— La segunda parte. Pero qué dices.

HORACIO.— Había trozos que estaban bien...

FELIPE.— ¡Qué va!

HORACIO.— Por ejemplo, todo lo que le pasa al capitán es muy divertido...

FELIPE.— ¿A qué capitán?

HORACIO.— Bueno, al jefe, al jefe del ejército, al jefe de los soldados...

FELIPE.— No eran soldados...

HORACIO.— No, no poco...

FELIPE.— Al contrario...

HORACIO.— Vi la película...

FELIPE.— No eran soldados.

HORACIO.— ¿Qué dices?

FELIPE.— Eran fugitivos, eran piratas...

HORACIO.— No, hombre, no...

FELIPE.— No eran soldados...

HORACIO.— Eran soldados ingleses...

FELIPE.— No estuviste muy atento...

HORACIO.— Formaban parte del ejército británico, eran soldados.

FELIPE.— Te debiste de dormir...

HORACIO.— ¡No!

Pausa.

Bueno, es igual, yo me entiendo.

Pausa.

FELIPE.— ¿En serio te gustó la película?

HORACIO.— Me identifiqué.

FELIPE.— ¡No!

HORACIO.— Sí.

FELIPE.— ¿Con qué?

HORACIO.— No sé.

FELIPE.— No. ¿Con qué?

HORACIO.— Había trozos que no estaban mal.

FELIPE.— Me confundes, Horacio, en serio.

HORACIO.— Había trozos.

FELIPE.— Esto nos pone en lugares tan diferentes.

HORACIO.— Bueno. No sé.

FELIPE.— Tú me dices esto y yo te escucho tan lejos... En serio.

Pausa.

HORACIO.— Había trozos. Yo creo que había trozos.

FELIPE.— Te debiste de dormir. Era una mierda de película.

HORACIO.— Déjalo.

FELIPE.— Viste trozos.

HORACIO.— NO he dicho eso.

FELIPE.— Te debiste de dormir.

Pausa.

No me lo puedo creer, en serio... De verdad piensas que era buena.

HORACIO.— Había cosas.

FELIPE.— Lo haces para joderme.

HORACIO.— ¡Qué va!

FELIPE.— ¿En serio?

HORACIO.— Sí, no sé...

FELIPE.— No, no, cada uno... No me puedo creer que te gustara esa película...

HORACIO.— Déjalo, Felipe, en serio...

FELIPE.— Es que, perdona, pero dice muy poco a tu favor... Era... Era tan obvia...

HORACIO.— Obvia.

FELIPE.— Sí. Totalmente previsible. Tanto, que era irreal. Era una película para subnormales...

HORACIO.— Ya.

FELIPE.— Pero que, bueno, cada uno... ¿A ti te gustó, no? Pues ya está.

Pausa larga.

No me lo puedo creer, en serio...

HORACIO.— Déjalo...

Pausa. Suena el teléfono.

HORACIO.— *(Contestando)* Sí. Muy bien. *(A Horacio)* ¿Acabamos con esto?

Oscuro.

Decimoquinta escena

Junto a Horacio y Felipe, una Chica. Frente a ellos, la ciudad.

HORACIO.— No será mucho tiempo. ¿Me permite?

Horacio le coge el bolso y se apoya sobre el coche, mira lo que hay en su interior y revisa unos documentos.

FELIPE.— Sáquese todo lo que lleva en los bolsillos.

CHICA.— ¿Cómo?

FELIPE.— Bolsillos.

HORACIO.— ¿No lo ves? No lleva bolsillos.

FELIPE.— Bueno, no te pongas así...

La Chica mira a su alrededor.

Pausa.

CHICA.— ¿Pasa algo?

HORACIO.— Ya le he dicho que será un momento...

Pausa.

FELIPE.— ¿Está nerviosa?

Pausa.

La verdad es que a nadie le gusta pasar por esto, pero se ve que es necesario...

Pausa.

Es el procedimiento.

Pausa.

A mí me sirve pensar que, al final, todo el mundo tiene que pasar por lo mismo.

Pausa.

Otra cosa que me reconforta es saber que todo esto es temporal, que vendrán tiempos mejores. Eso me reconforta mucho.

Pausa.

Tenemos que asumirlo... El procedimiento, quiero decir.

CHICA.— Sí, sí...

FELIPE.— Por lo menos, te dejan fumar...

HORACIO.— Sí, eso sí.

FELIPE.— *(A la Chica)* ¿Tú fumas?

HORACIO.— Si quiere, puede fumar...

CHICA.— Sí.

FELIPE.— ¿Sí?

CHICA.— No, no...

FELIPE.— Actualmente te dejan fumar, te dejan beber... Bueno, te dejan ingerir bebidas alcohólicas con moderación...

CHICA.— No...

FELIPE.— Sí. Tenemos nuestros supermercados, nuestros médicos...

CHICA.— *(...)*

FELIPE.— Tampoco lo estamos haciendo tan, tan mal. Hay unas reglas, ¿no?

CHICA.— *(...)*

FELIPE.— Pues ya está.

Pausa.

CHICA.— No...

FELIPE.— ¿Qué?

CHICA.— ¿No son policías?

FELIPE.— No. La policía nunca estaba cuando la necesitábamos...

Pausa.

¿Te molesta que te hable de tú?

CHICA.— De tú...

FELIPE.— De tú, sí, de tú. *(...)* ¿Me entiende?

HORACIO.— Llámala de usted...

FELIPE.— A ver esos documentos...

Felipe se acerca a Horacio.

HORACIO.— No es necesario, Felipe... *(A la chica. Amable)* Mis compañeros están comprobando su identidad, en cuanto llamen, dejaremos que se vaya...

Pausa.

FELIPE.— *(Va hacia el bolso)* ¡Vamos a ver qué más lleva!

Horacio se interpone en su camino. Pausa.

Muy bien... Tú mandas... *(De golpe, distendido)* ¿Alguien quiere cenar?

Pausa larga.

HORACIO.— No se preocupe, señorita.

Pausa larga.

FELIPE.— *(Felipe saca unas latas y unos recipientes del maletero)* En realidad, aquí nunca sabemos cuánto tiempo vamos a estar... Por eso es importante comer bien, alimentarse... Tomar líquido... Líquido. ¿Me entiende?

CHICA.— Sí, sí...

FELIPE.— ¿Me entiende?

CHICA.— Sí.

FELIPE.— No entiende una mierda... Líquido... No me extraña que después se deshidraten en su país...

HORACIO.— ¿Éstos son todos sus documentos?

CHICA.— Sí...

HORACIO.— Muy bien...

FELIPE.— Usted es profesional, ¿no?

CHICA.— Claro.

FELIPE.— Claro. Lo ves, Horacio, te lo he dicho. Desde que la hemos visto por primera vez, lo he tenido claro... Esta tía es profesional. Sólo hay que mirarle la cara...

HORACIO.— ¿Usted es profesional?

CHICA.— Sí.

FELIPE.— Sí.

CHICA.— Aquí lo pone...

FELIPE.— Claro. Lo pone en su idioma... Idioma. ¿Me entiende? Esto es muy divertido. Voy a cachearla...

HORACIO.— No...

FELIPE.— ¿Por qué no?

HORACIO.— Felipe...

FELIPE.— Oye... ¿Qué estás pensando? Estoy haciendo mi trabajo.

HORACIO.— No lleva nada, ¿no lo ves?

CHICA.— No entiendo...

HORACIO.— Espérate un momento...

FELIPE.— *(...)*

Pausa.

HORACIO.— Así que ha venido a montar una peluquería...

CHICA.— Sí, peluquería.

FELIPE.— ¿De verdad que no quieres curri?

HORACIO.— No.

FELIPE.— ¿Y usted? ¿Curri? Pollo al curri.

CHICA.— *(Niega con la cabeza)* Le entiendo perfectamente. Conozco su idioma. *(...)* Quiero montar peluquería, y sí, soy profesional, yo tengo experiencia en mi país...

Pausa.

FELIPE.— Aquí las mujeres se gastan una pasta en peluquerías... ¿A que sí, Horacio?

HORACIO.— Sí. ¿Esto es...?

CHICA.— No. Esto es permiso de conducción.

HORACIO.— Ya.

FELIPE.— Es un buen sitio para montar una peluquería. Yo, las mujeres que conozco van por lo menos una vez a la semana. Normalmente los viernes, se levantan prontito y antes de ir a trabajar se arreglan el pelo para el fin de semana. Muchas permanentes...

HORACIO.— Sí. *(Asiente)*

FELIPE.— Muchas permanentes... *(...)*

CHICA.— Muy bien.

FELIPE.— Sí. Muy bien. Eso sí, tendrá que contratar personal, porque usted sola no dará abasto... Ah, o a lo mejor prefiere traerse a su propio equipo...

HORACIO.— ¿Éstos son todos sus papeles?

CHICA.— Sí. La verdad es que no entiendo mucho por qué preguntáis a mí esto...

FELIPE.— Tú llevas poco tiempo, ¿verdad?

CHICA.— *(...)*

FELIPE.— Quiero decir, como peluquera...

CHICA.— Diez años en mi país...

FELIPE.— "Diez años en mi país..." Puff... Aquí no tenemos país... Aquí tenemos personas, ¿eh, Horacio? Familias. Familias que se quieren. En realidad, es mucho más difícil mantener una familia unida que un país, eso de ahí abajo es una gran familia... Y claro, no es fácil mantenerla unida...

CHICA.— *(...)*

FELIPE.— Supongo que sabrá que actualmente estamos en un estado de excepción, para poder circular libremente se necesita un permiso...

CHICA.— Sí, permiso de trabajo, residencia...

FELIPE.— Bueno...

CHICA.— Sí.

FELIPE.— Ya.

CHICA.— Sí. Aquí permiso.

FELIPE.— No.

CHICA.— ¿No? Sí.

FELIPE.— No exactamente.

Pausa.

CHICA.— Aquí están todos los documentos...

HORACIO.— No se preocupe...

Pausa.

FELIPE.— Yo creo que... En realidad, es mejor decir siempre que se está de paso... Si no, te haces demasiadas preguntas... Y acabas volviéndote loco.

Pausa.

¿Ha visto esto? *(...)* Siempre venimos aquí... ¿Sabe lo que era esto?

CHICA.— ¿Qué?

FELIPE.— Antes de que lo prohibieran..., ¿sabes lo que era?

HORACIO.— Cállate, Felipe, por favor...

FELIPE.— Estoy dando conversación a nuestra amiga...

Pausa.

Aunque nos vea un poco crispados, no piense que es algo personal... Nosotros somos así, el carácter, quiero decir. Somos un poco nuestros. Pero después, cuando cogemos confianza, somos muy buena gente...

CHICA.— Si parece a ustedes bien, voy a hacer llamada.

FELIPE.— Claro. Ningún problema. Usted misma.

CHICA.— Me deja teléfono, por favor...

FELIPE.— ¡Ah!

HORACIO.— ¿Necesita el bolso?

FELIPE.— Uy...

HORACIO.— Ahora se lo hemos requisado, pero será sólo un momento.

Pausa.

CHICA.— Es sólo una llamada...

HORACIO.— Ya. Lo siento. Pero no puede ser...

CHICA.— Es para avisar a una compañera... Yo estoy tarde en otro sitio...

FELIPE.— Mírala, con móvil y todo, ¿eh?

HORACIO.— Sé que le parecerá una tontería, pero hasta que no comprueben los documentos... Tenemos su bolso confiscado y todo lo que está dentro también. Son las normas.

CHICA.— Sólo quiero decirle a ella...

HORACIO.— Lo siento. Son las normas.

Pausa.

FELIPE.— Nosotros hacemos las cosas así... Uno se ha de informar a dónde va...

Pausa.

FELIPE.— Hay unos horarios de visita. Hay que saber escoger el mejor momento para visitar a alguien.

Pausa.

HORACIO.— No le haga caso. Es un trámite burocrático, después podrá llamar a quien quiera...

CHICA.— Bien. Está bien...

Pausa.

HORACIO.— ¿Y dónde piensa establecerse?

FELIPE.— *(Antes de que conteste la Chica)* Horacio, por favor, un poco de tacto.... Estás atentando contra su intimidad. Esa información no nos incumbe. Además, seguramente acabe de llegar y todavía no sabe dónde caerse muerta...

CHICA.— Yo todavía no lo sé.

FELIPE.— Lo ves...

CHICA.— De todas formas, en cuanto lo sepa, yo lo digo.

FELIPE.— Claro, bonita. Es importante que puedas colaborar con nosotros. O por lo menos, que lo intentes.

CHICA.— Ya les he dicho que haré todo lo que esté en mi mano.

FELIPE.— Nosotros no queremos problemas, ¿sabe? Aquí no nos gustan los problemas.

CHICA.— Lo sé.

FELIPE.— Horacio está casado y tiene dos niñas, y tampoco quiere problemas.

CHICA.— ¿No?

FELIPE.— No.

CHICA.— Muy bien.

FELIPE.— Muy bien.

CHICA.— De todas formas, no tendría que haber ningún problema... Estuve hablando con la policía y me...

FELIPE.— ¿Qué policía? Aquí no hay policía. Nosotros no tenemos policía.

HORACIO.— No se ocupa de estos temas...

Pausa.

FELIPE.— *(...)* Sabe lo que pasaba, que no nos fiábamos de ella... No era segura. *(...)* Se excedían en el uso de su autoridad. *(A Horacio, quitándole el papel)* Déjame ver ese documento...

HORACIO.— ¡Felipe!

Felipe lee uno de los documentos.

FELIPE.— *(Mientras lo lee)* ¡Qué cabrones!

CHICA.— Está todo en regla. Yo he informado a ustedes de todo...

FELIPE.— Putos funcionarios...

CHICA.— ¿Pasa alguna cosa?

HORACIO.— Ya se lo he dicho... Es una comprobación rutinaria...

CHICA.— Por favor...

HORACIO.— No hay ningún problema. No se preocupe.

FELIPE.— Siempre nos dejan el trabajo sucio... ¡Qué cabrones!

CHICA.— ¿Pero qué pasa?

HORACIO.— No se ponga nerviosa, no pasa nada, de verdad.

CHICA.— ¿Quién están ustedes? ¿No están policías?

FELIPE.— ¡Qué pesada!

HORACIO.— A ver... Usted nos ha dado una información... Estos documentos...

FELIPE.— Es increíble... Es increíble lo que se puede llegar a firmar sentado en un despacho...

HORACIO.— Ya le he dicho que tenemos que esperar la llamada... Están comprobando su identidad.

CHICA.— Pero aquí lo dice... Usted tiene todo.

HORACIO.— Usted no aparecía...

FELIPE.— Estos documentos son falsos... Estos tíos no pueden ser tan gilipollas...

CHICA.— Lo dice aquí...

FELIPE.— Es increíble...

CHICA.— Esto, esto no está legal, ustedes no pueden tener a mí aquí.

HORACIO.— No...

FELIPE.— ¿Qué está diciendo?

HORACIO.— Cállate. *(...)* Señorita, nosotros no dudamos de su palabra, pero seguramente haya habido alguna equivocación, por eso mis compañeros lo están comprobando...

CHICA.— Yo está todo legal, está legal. Yo no entiendo de lo que me hablan... Yo tengo permiso de trabajo... Yo soy profesional...

Suena el móvil de Horacio.

FELIPE.— *(A Horacio)* ¿Qué?

HORACIO.— *(Horacio comprueba quién llama. No lo coge)* No...

Felipe resopla.

CHICA.— ¿Qué pasa? *(...)* Yo está legal. Todo es aquí.

FELIPE.— Su pasaporte es falso, sus documentos son falsos..., su identidad, falsa. De qué reglas me está hablando...

Vuelve a sonar el teléfono de Horacio. Tampoco lo coge.

FELIPE.— Dile que te llame después, coño.

HORACIO.— ¡Cállate!

CHICA.— Yo quiero ir de aquí. No pueden hacer esto.

FELIPE.— Y ésta, que lo sigue intentando.

HORACIO.— Felipe...

FELIPE.— La tía ésta, que quiere tomarnos el pelo, hombre...

CHICA.— Pelo...

HORACIO.— Yo me encargo...

FELIPE.— No, es que llega un momento en que las cosas, si no se entienden por las buenas...

HORACIO.— Vamos a ver, la información que tenemos de usted y de su equipo...

CHICA.— ¿Equipo? No entiende.

FELIPE.— Ya te lo decía yo... No entiende... Pobrecilla... De golpe, no entiende.

CHICA.— Yo me voy. Yo quiero ir de aquí...

HORACIO.— Ya. La información que tenemos de su equipo difiere un poco de la que usted nos está proporcionando...

CHICA.— No entiendo...

HORACIO.— Un momento... No puede irse...

CHICA.— Yo hablo con la policía...

HORACIO.— No puede...

FELIPE.— ¡Otra vez con la policía!

HORACIO.— No puede. Alto. ¡No se mueva!

Horacio ha tenido que reducirla contra el coche. La sostiene del brazo.

FELIPE.— Que no hay, que aquí no tenemos policía.

HORACIO.— Será sólo un momento. Es un mero trámite, de verdad. No se ponga nerviosa.

CHICA.— Yo quiero irme...

La Chica intenta deshacerse de Horacio, pero no puede.

FELIPE.— Es que sólo vienen subnormales, en serio. Les cuesta entender las cosas... Por qué no vienen médicos o abogados, no sé... Todo lo que nos llega es igual... Después dicen que es un tema de racismo.

La Chica grita.

HORACIO.— Nadie le va a hacer daño, por favor, cálmese.

La Chica grita.

CHICA.— ¡Ayuda!

FELIPE.— Ya estamos...

La Chica grita y pide auxilio en su idioma. Mientras, Horacio le pone las esposas.

FELIPE.— Ya estamos como siempre...

HORACIO.— Por favor, no quiero hacerle daño.

FELIPE.— Voy a cachearla...

HORACIO.— ¡Felipe!

FELIPE.— Joder, si no lo haces tú, alguien lo tiene que hacer.... ¿No la has visto? Ahora mismo, si esta tía tuviera un arma, la utilizaría, seguro.

HORACIO.— Por favor... No se mueva... Es mejor que sea yo quien la cachee..., de verdad...

FELIPE.— A esa tía había que cachearla... La teníamos que haber cacheado mucho antes. Joder, desde que la he visto lo he tenido claro... Con esa cara... Si no la quieres cachear, ya lo hago yo. Yo no tengo ningún problema.

HORACIO.— Por favor, no me obligue...

Pausa.

FELIPE.— Pero colabore con él, coño, colabore. Que él es el bueno y yo soy el malo. Es que son subnormales, en serio.

Pausa. Horacio la cachea.

FELIPE.— ¿Sabe lo que tendría que hacer? Confesar. Decir quién es y ya está, se acabó...

La Chica mira a Felipe y le insulta en su idioma. Felipe va hacia ella y la coge del cuello.

FELIPE.— Mira puta, a mí no me jodas.

HORACIO.— ¡Felipe!

FELIPE.— A mí no me jodas, porque acabo con esto ahora mismo.

La Chica sigue hablando en su idioma como puede.

HORACIO.— Felipe...

Suena el teléfono de Horacio.

FELIPE.— Aquí no vais a hacer lo que os dé la gana, ¿me entiendes? ¡¿Me entiendes?!

HORACIO.— Tenemos que esperar. Felipe, por favor...

Felipe aprieta cada vez más fuerte el cuello de la Chica.

FELIPE.— Aquí no hay ni policía, ni cárceles, ni mierdas... Aquí la basura la tiramos fuera de casa. La hacemos desaparecer... ¿Lo entiendes?

HORACIO.— Por favor...

El teléfono de Horacio continúa sonando.

Felipe se retira. Horacio mira el móvil. La Chica cae al suelo.

HORACIO.— No...

FELIPE.— Mierda...

Pausa.

Suena el teléfono.

Pausa.

Sigue sonando el teléfono.

Pausa.

Oscuro.

Decimosexta escena

Horacio habla por teléfono. Felipe está apoyado en el coche mirando la ciudad.

HORACIO.— Cariño, no, no puede ser *(...)* Porque si te digo que no me puedes llamar... ¿Tú sabes la hora que es? *(...)* No, no es eso... Pero es que no puedes llamarme, ya lo sabes *(...)* No, es una urgencia *(...)* Claro que me importa *(...)* No. Nooo, lo que te digo *(...)* ¡Joder! ¡Cariño! ¡Eh! ¡¡María!! *(Cuelga)* A la mierda.

Pausa.

Una cosa, Felipe, que sea la última vez que pasa esto....

FELIPE.— ¿El qué?

HORACIO.— Lo que ha pasado hoy...

FELIPE.— No te entiendo...

HORACIO.— Joder, que me disparas a la sospechosa. Es que me la disparas. No teníamos que haber llegado a este punto...

FELIPE.— Oye, yo hago mi trabajo...

HORACIO.— No es eso, Felipe...

FELIPE.— Pues qué es, dime qué he hecho mal...

HORACIO.— Es igual...

FELIPE.— No, dímelo...

HORACIO.— No...

FELIPE.— Dímelo.

HORACIO.— Ahora... No sé... Es la forma...

Pausa.

No sé...

FELIPE.— ¿Cómo lo quieres hacer?

Pausa larga.

HORACIO.— A la mierda.

FELIPE.— ¡¿Qué?!

HORACIO.— A la mierda. ¿Qué pasa, Felipe? Tú haces lo que te da la gana...

FELIPE.— Yo les saco...

HORACIO.— Yo digo una cosa...

FELIPE.— La información...

HORACIO.— Y tú haces lo que quieres, eso es lo que haces.

FELIPE.— ¿Pero qué dices?

HORACIO.— Es igual.

Pausa.

FELIPE.— No, no... Vamos a arreglar esto...

HORACIO.— Es lo que haces...

FELIPE.— ¿El qué?

HORACIO.— Me alteras al sospechoso, me, me lo alteras... Y después es mucho más difícil. No teníamos que haber llegado a esa situación.

FELIPE.— ¿Pero qué estás diciendo, Horacio? ¿Qué dices? *(...)* Esa gente es peligrosa, amigo.

HORACIO.— Es que yo no digo eso.

FELIPE.— Yo hago mi trabajo.

HORACIO.— Hoy te has pasado, Felipe...

FELIPE.— ¿Pero qué he hecho?

HORACIO.— Es igual...

Pausa.

¿Tú crees que has actuado normal?

FELIPE.— Sí.

HORACIO.— Pues ya está.

Pausa.

FELIPE.— Yo hago mi trabajo, joder... A mí ahora no me jodas... Además, eres tú el que arregla problemas personales cuando no toca... Yo cumplo las normas.

HORACIO.— Es increíble...

FELIPE.— Es verdad. Oye, yo nunca te he dicho nada... Pero si nos ponemos así...

HORACIO.— Déjalo...

FELIPE.— A mí no me importa que te llamen...

HORACIO.— Déjalo, en serio...

FELIPE.— Pero ninguno de los dos lo hace todo perfecto. Cada uno tiene sus cosas.

Pausa.

Además, es que yo no he hecho nada.

Pausa.

Mira, yo no vengo aquí a contar mis problemas, ¿me entiendes? Yo vengo a trabajar. Hago lo que me dicen y punto.

Pausa larga.

HORACIO.— No tendríamos que haber llegado a esa situación. *(...)* No deberíamos haber llegado a esa situación. Todavía no nos habían confirmado su identidad.

Pausa larga.

FELIPE.— Esa tía... Tú no sabes quién es, ¿verdad? ¿Qué quieres, que se vaya de aquí y que piense: "bueno, tenemos que volver porque allí te meten un poco de miedo, te tocan un poco la vagina, te meten una paliza y ya está..."? Esta gente es peligrosa. Lo raro es que hayamos podido retenerla tan fácilmente.

HORACIO.— Es increíble... ¿Tanto te cuesta?

FELIPE.— ¿El qué?

HORACIO.— Reconocer que te has excedido... Asume, Felipe, por favor.

Pausa larga.

Y otra cosa. Que sea la última vez que me ninguneas delante de nadie...

FELIPE.— ¿Qué?

HORACIO.— Lo que has oído...

FELIPE.— *(...)*

HORACIO.— Me ninguneas, Felipe, me ninguneas... Parece que disfrutes llevándome la contraria...

FELIPE.— Estoy haciendo mi papel...

HORACIO.— Es igual...

FELIPE.— Es parte de...

HORACIO.— Tienes un problema conmigo...

FELIPE.— No puedes dejar que eso te afecte, amigo.

HORACIO.— Mientras yo esté abajo, tú estás arriba.

FELIPE.— ¿Pero qué coño estás diciendo?

Pausa.

Yo no hago eso...

HORACIO.— Es igual.

Pausa larga.

FELIPE.— ¿Por qué tendría que hacer eso, Horacio?

Pausa larga.

Joder... Lo siento. Quizás me he pasado un poquito, pero porque los dos sabemos quién era esa golfa... Han jodido a mucha gente... y han venido aquí a hacer lo mismo... Ellos tampoco tienen escrúpulos... Había que acojonarla... Horacio, me duele que puedas desconfiar de mí... En serio... No sé, lo siento.

HORACIO.— No, lo siento yo... Últimamente estoy un poco nervioso...

FELIPE.— Joder... Horacio, es que yo creo que no tienes derecho a decirme esto...

HORACIO.— Tienes razón...

FELIPE.— Yo, joder, yo te protejo...

HORACIO.— Ya, ya. Lo siento.

FELIPE.— Somos un equipo.

HORACIO.— Sí. *(...)* Lo sé. *(...)* Sí.

Pausa.

FELIPE.— Si quieres, la sacamos del maletero...

HORACIO.— No, no, es igual, ahora ya está...

Pausa.

Oscuro.

DECIMOSÉPTIMA ESCENA

Felipe y Horacio están apoyados sobre su coche. A los pies de ambos, su ciudad.

FELIPE.— Que yo también tengo mis cosas, ¿eh?

HORACIO.— Claro.

FELIPE.— Mis problemas, quiero decir.

HORACIO.— Seguro.

FELIPE.— Pero, en el fondo, sé que no me puedo quejar...

Pausa.

Tú y yo, por ejemplo... ¿Te has planteado alguna vez por qué estamos aquí?

HORACIO.— ¿Cómo?

FELIPE.— Sí, quiero decir…, ¿por qué estamos juntos? En el fondo, no lo hemos escogido.

HORACIO.— Ya.

FELIPE.— ¿Tú crees que quien nos puso juntos se planteo el porqué...?

HORACIO.— ¿Quién?

FELIPE.— El porqué. ¿Tú crees que se lo planteó?

Pausa.

No.

HORACIO.— No, claro.

FELIPE.— No. ¿Y se supone que me lo tengo que plantear yo?

HORACIO.— *(...)*

FELIPE.— No.

HORACIO.— No, claro.

FELIPE.— El problema es que la gente no asume su rol.

HORACIO.— ¿Su rol?

FELIPE.— Sí, su posición, su rol. Hay que defender la posición que te toca con tu vida.

HORACIO.— Ya.

FELIPE.— Con la vida de cada uno, digo.

HORACIO.— Sí, sí...

FELIPE.— La gente tiene que asumir su posición...

HORACIO.— Puede ser.

FELIPE.— Yo asumo que me ha tocado contigo, ¿no?

HORACIO.— Sí.

FELIPE.— Punto.

HORACIO.— Claro.

FELIPE.— Que estoy encantado, ¿eh?

HORACIO.— Gracias...

FELIPE.— Pero que bueno...

HORACIO.— Ya.

FELIPE.— A ti seguro que hay cosas de mí que tampoco te gustan...

HORACIO.— Mmm...

FELIPE.— Seguro, amigo...

HORACIO.— Sí.

FELIPE.— Y me las puedes decir...

HORACIO.— No.

FELIPE.— Sí, me las puedes decir, pero ése no es el tema…

HORACIO.— ¿No?

FELIPE.— No. Porque yo acepto mi rol.

HORACIO.— Claro.

FELIPE.— ¿Qué te voy a decir? ¿Que no me gusta cómo vistes...? Estaría escupiéndome encima...

Pausa.

Al final las cosas están ahí por algo...

Pausa.

¿Quieres un cigarro?

HORACIO.— No, gracias.

Pausa.

Horacio mira su reloj.

FELIPE.— Yo sé que a veces me paso... Yo lo sé... Pero mira, por lo menos no engaño a nadie...

Pausa larga.

Oscuro.

Decimoctava escena

Horacio mira su reloj. A los pies de ambos, su ciudad.

Silencio.

Felipe.— Tú estás en la calle y se cruza una mujer embarazada...

Horacio.— No, en serio, Felipe, no me apetece..., estoy un poco harto, estoy un poco hasta los cojones...

Felipe.— ¿?

Horacio.— Sí, y además el de la embarazada ya me lo sé... Pierdes, si dejas que te insulte la embarazada, pierdes, y si te enfrentas a ella y le rompes la cara, pierdes...

Felipe.— Sí...

Horacio.— Ya me lo sé. Nunca te enfrentes a una mujer embarazada...

Felipe.— Sí.

Horacio.— Por muy tonto que seas... Ya me lo contaste, ya me lo sé... No sé qué puta aplicación tiene, pero ya me lo sé.

Pausa.

FELIPE.— Bueno...

Pausa.

HORACIO.— Estos libros de autoayuda no sirven una mierda...

FELIPE.— No son de autoayuda...

Pausa.

HORACIO.— A ver si llaman de una puta vez...

Oscuro.

Decimonovena escena

Horacio, doblado en el suelo y apoyado en una rueda del coche con la manos sobre su cabeza. Felipe, mirando la ciudad.

Silencio.

Silencio.

Oscuro.

VIGÉSIMA ESCENA

A los pies de ambos, su ciudad.

Silencio.

HORACIO.— Esto empieza a no ser normal...

FELIPE.— ¿El qué?

Pausa.

¿Quieres un cigarro?

HORACIO.— No.

Pausa.

FELIPE.— Igual se han olvidado.

HORACIO.— ¿Cómo se van a olvidar? ¿Cómo se van a olvidar, Felipe? Primero es la confirmación y después la ejecución. Si fuera al revés, no tendría sentido. Primero confirmamos quién es y después ejecutamos, joder...

FELIPE.— No me gusta que me hables así. No me gusta.

HORACIO.— Lo siento.

Pausa larga.

No nos hemos pasado, ¿verdad?

FELIPE.— ¡Qué va! Esta tía es "superpeligrosa". Lo raro ha sido traerla tan fácilmente hasta aquí...

HORACIO.— Ya.

Pausa larga.

Y eso que no lo parece, ¿eh?

Pausa.

FELIPE.— No pasa nada.

Pausa.

HORACIO.— No sé...

Pausa.

A ver, ya sé que no pasa nada, pero igualmente me jode haberme saltado el procedimiento. No tenemos que llegar a ese punto, Felipe... Yo recibo la llamada, y entonces, sí. Pero si me la disparas antes de la confirmación, pasa lo que pasa...

Pausa larga.

Lo siento... Estoy... No sé, no me encuentro bien. Hoy no tengo el día.

FELIPE.— No te preocupes, Horacio, es ella, de verdad... Que a mí no me importa esperar a que llamen...

HORACIO.— No, claro, es que tenemos que esperar... ¿Qué quieres hacer?

FELIPE.— Ya, ya, pero que tampoco pasaría nada...

Pausa.

HORACIO.— ¿Cómo se llama?

FELIPE.— ¿Quién?

HORACIO.— La sospechosa... ¿Cómo se llama? *(...)* Esos documentos son falsos, ¿no?

FELIPE.— Ahora no me acuerdo, pero sé quién es. Es ella, seguro.

Pausa.

Esa gente es lo peor. Lo extraño es que no estuviera con su banda y nos pegara cuatro tiros. Es ella, seguro.

Pausa.

Que estoy completamente seguro de que es ella, no te preocupes. Si la he conocido desde el principio. La he reconocido. Ya te lo he dicho. *(...)* Si quieres, la sacamos y que confiese. *(...)* Supongo que ahora estará más tranquilita.

Oscuro.

VIGÉSIMA PRIMERA ESCENA

A los pies de ambos, su ciudad.

FELIPE.— Las cervezas se han calentado un poco...

HORACIO.— No, no quiero.

Pausa.

FELIPE.— A ver, tampoco es tan tarde...

HORACIO.— Nunca habían tardado tanto.

FELIPE.— Joder. Tengo el estómago acostumbrado a comer cada cuatro horas.

HORACIO.— ¿Qué?

FELIPE.— El estómago. El estómago se me ha acostumbrado. Comidas ligeras, ¿eh? Pero ahora, si no como cada cuatro horas, lo paso fatal.

Pausa larga.

HORACIO.— No tendría que habérmela follado.

FELIPE.— ¿A quién?

HORACIO.— *(...)*

FELIPE.— Ah, ya...

Pausa.

HORACIO.— Espero que sea ella..., Felipe. Espero que sea ella. *(...)* Espero que no te hayas equivocado...

Pausa.

FELIPE.— Claro que es ella...

HORACIO.— ¿Seguro?

FELIPE.— Seguro. Joder, lo acabamos de comprobar. Yo sé muy bien quién es esa tía.

Pausa.

HORACIO.— De todas formas, no tendría que habérmela tirado...

FELIPE.— Esa tía es una delincuente.

HORACIO.— *(...)*

FELIPE.— Es una asesina.

HORACIO.— *(...)*

FELIPE.— Esa tía es lo peor. Ha matado a mucha gente. Ha jodido a muchas familias...

HORACIO.— Ya.

Pausa.

FELIPE.— Mira, aún tiene suerte de haber dado con nosotros...

Pausa. Horacio mira el reloj. Pausa.

HORACIO.— Esto no es normal...

Pausa.

FELIPE.— Ahora están coordinando a mucha gente... Van bastante liados.

Pausa.

Llama tú...

Pausa.

HORACIO.— Yo no te entiendo, en serio. No te entiendo. Tú... Tus teorías..., tus problemas de lógica, pero el procedimiento te lo pasas por el culo.

FELIPE.— Otra vez estás perdiendo el control.

Pausa.

HORACIO.— Y además, qué les digo... Oye..., perdone, que tenemos una sospechosa en el maletero que le hemos dado una paliza y la hemos violado y ahora no sabemos si es ella o no...

Pausa larga.

FELIPE.— En realidad, nos pagan por decir tonterías...

HORACIO.— Estás hablando solo.

Pausa.

FELIPE.— Hablaba contigo, joder.

HORACIO.— ¿Lo ves?, hablas solo. Estabas hablando solo.

FELIPE.— *(...)*

HORACIO.— Me da igual. En serio. Me da lo mismo. A ver si llaman de una puñetera vez.

Pausa.

FELIPE.— Lo raro es que no llevara ninguna arma. Es ella, seguro.

Pausa larga.

HORACIO.— ¿Cómo dices que se llama?

FELIPE.— Maroga o Maroja o Mar, Mar algo...

HORACIO.— Mar...

FELIPE.— Marja... *(...)* ¡Joder, qué rabia! Mar... Ma... Man no sé qué... Istrov... Mar... No sé qué Istrov o Istova... Marna Istrova... No me acuerdo... Si me dices el nombre, te lo digo. *(...)* Maristrova... No sé qué...

Pausa.

Oye, que está viva, ¿eh?

Pausa larga.

HORACIO.— Nos hemos pasado... Esta vez se nos ha ido de las manos.

FELIPE.— Venga, siempre te pasa lo mismo, siempre después de follarte a una tía te arrepientes...

HORACIO.— Joder, Felipe, la he agredido, le he dado una paliza, la he violado...

FELIPE.— Oye, oye... Esta tía asesina en masa. Han entrado en siete urbanizaciones. Han robado. Han matado a mujeres y niños. Su banda es sangrienta. Se llevan por delante a todo el mundo. Sin problemas. *(...)* Esa tía es lo peor, lo más cruel y lo más deplorable que te puedas imaginar. Es el mal hecho persona.

Pausa.

HORACIO.— No sé. *(...)* Ya. *(...)* Ya.

Pausa.

FELIPE.— Además es que estoy completamente seguro. Es ella. Lo raro es que no estuviera preparada para inmolarse cuando nos ha visto...

Pausa.

El último, ¿quieres?

HORACIO.— No.

Pausa.

No sé...

FELIPE.— Te tomas las cosas demasiado en serio. Las cosas hay que tomárselas con más filosofía.

Pausa.

HORACIO.— Claro, como tú no te la has tirado...

Pausa.

Felipe tira el paquete de tabaco al público.

Oscuro.

VIGÉSIMA SEGUNDA ESCENA

A los pies de ambos, su ciudad.

HORACIO.— ¿Por qué coño me metería yo en esto? ¿Quién coño me mandaría a mí meterme en esta mierda?

FELIPE.— En realidad, nos pagan por decir tacos.

Pausa.

HORACIO.— Ya se está haciendo de día.

Pausa larga.

FELIPE.— Es ella. Es ella seguro. Lo raro es...

HORACIO.— ¿Qué es lo raro? ¿Qué es lo raro, Felipe? Porque todo es raro. Al final todo es raro. *(...)* ¿Sabes qué es lo raro? ¿Lo sabes? Lo raro es que no nos lo confirmen. Eso es lo raro. ¿Quién me mandaría a mí...? Joder.

Pausa larga.

FELIPE.— ¿Tú crees que esta tía ha venido a montar una peluquería? Vamos, por favor...

Pausa.

HORACIO.— Esta vez se nos ha ido de las manos.

Pausa.

FELIPE.— Aquí es aquí... Eso está claro.

HORACIO.— *(...)*

FELIPE.— Yo no he repartido las cartas. Yo tengo las mías.

HORACIO.— *(...)*

FELIPE.— Y yo no las he escogido...

HORACIO.— *(...)*

FELIPE.— Yo no las he escogido, ¿me entiendes?

Pausa.

Lección de supervivencia: "Nadie puede escoger sus cartas".

HORACIO.— Mierda...

FELIPE.— A mí me han tocado las mías. Son éstas.

HORACIO.— Puff...

FELIPE.— Y ahora, que cada uno juegue las suyas... ¿He tenido suerte? Sí. La hemos tenido... ¿Hemos hecho trampas? No.

HORACIO.— Cállate, por favor...

FELIPE.— Cada uno lo suyo. Lo que no se puede hacer es levantarse de la mesa y robarnos las cartas.

HORACIO.— Cállate.

FELIPE.— A nosotros. Lo que no se puede hacer es levantarse de la mesa, entrar en mi casa y robarme mis cartas...

HORACIO.— Cállate.

FELIPE.— Atar a mi madre. Obligarla a perder lo que es suyo...

Pausa.

Joder a mi familia...

Pausa.

Eso no se hace. Porque, si no, yo me cago en su puta madre. *(...)* Y a lo mejor ésta no es la que ha entrado en mi casa, pero seguro que es su sobrina, o su hija o su algo... Lo que está claro es que esta tía no es de aquí...

Pausa.

Ella no es de aquí, y eso debería tranquilizarnos...

Pausa larga.

Dame un cigarro, que me he quedado sin tabaco...

HORACIO.— No tengo tabaco, ya te lo he dicho, no fumo. He dejado de fumar.

FELIPE.— ¡Vamos!

HORACIO.— Es igual.

FELIPE.— Va, dame un cigarro.

HORACIO.— No tengo, de verdad...

FELIPE.— ¡Venga, Horacio!

HORACIO.— Ya sabes que he dejado de fumar...

FELIPE.— ¡Va, no me jodas! Dame un cigarro.

HORACIO.— Es igual.

FELIPE.— Pero si el coche apesta a tabaco.

HORACIO.— He dejado de fumar.

FELIPE.— Vamos a ver...

Felipe intenta registrarlo.

HORACIO.— *(Apartándose)* ¡¿Qué haces?!

FELIPE.— Nada.

Felipe vuelve a intentarlo.

HORACIO.— No, en serio, ¿qué coño estás haciendo?

FELIPE.— Nada.

Felipe deja de registrarlo.

No puede ser que hayas dejado de fumar.

HORACIO.— Te lo prometo.

FELIPE.— Júralo.

HORACIO.— Lo juro.

FELIPE.— ¡Qué hijo de puta!

Pausa.

Y no... y no te fumas ninguno...

HORACIO.— No.

FELIPE.— Ni después de comer, ni nada...

HORACIO.— No...

FELIPE.— ¿En el coche no has fumado?

HORACIO.— Que no...

Pausa.

Felipe registra el interior del coche.

FELIPE.— ¡Qué cabrón!

Pausa.

Felipe vuelve.

Bueno, seguro que te pones como una vaca.

HORACIO.— No me importa.

Pausa.

FELIPE.— Y qué, lo llevas fatal, ¿no? Estás jodidamente ansioso, ansioso perdido.

HORACIO.— No. Lo llevo bastante bien. Deberías planteártelo, porque la verdad es que uno se encuentra mucho mejor...

Pausa.

FELIPE.— Es imposible que hayas dejado de fumar del todo.

HORACIO.— Felipe, ya está bien.

FELIPE.— Alguno te tienes que fumar.

HORACIO.— No.

FELIPE.— ¿No te has fumado ninguno?

Pausa.

¿Pero cómo lo has hecho? ¿Te has leído algún libro o algo, llevas parches?

HORACIO.— No.

Pausa.

Felipe agarra del brazo a Horacio y lo pone contra el coche.

FELIPE.— Venga tío, lo llevas escondido.

HORACIO.— ¡Que no, joder! Suéltame.

FELIPE.— No puedes haber dejado de fumar...

HORACIO.— ¡Eh!

FELIPE.— No te muevas, cabrón. *(Lo cachea)* No te muevas o te parto el brazo.

HORACIO.— ¡Ah!

FELIPE.— No te muevas.

Pausa larga. Felipe, de pronto, encuentra algo y para de cachearlo. Le saca un paquete de tabaco. Se aparta. Pausa larga.

HORACIO.— Me has hecho daño...

FELIPE.— ¿Eh?

HORACIO.— Me has hecho daño, Felipe.

FELIPE.— Lo siento.

HORACIO.— *(...)*

FELIPE.— Es que es ridículo. Siempre estás igual. Si fumas, fumas. *(...)* ¿Quieres?

HORACIO.— *(...)*

FELIPE.— Vamos, ten.

HORACIO.— No quiero.

FELIPE.— Vamos, es tuyo.

Pausa.

Lo único que quiero es ayudarte, es aconsejarte, amigo.

HORACIO.— No vuelvas a tocarme Felipe. No vuelvas a emplear la fuerza conmigo. Ésta ha sido la última vez.

Felipe fuma.

Oscuro.

Vigésima tercera escena

Felipe, junto a la Chica que reposa apoyada contra el coche. Horacio los mira a distancia.

Felipe.— Vamos... Bebe un poco de agua... *(...)* Hace mucho mejor cara...

Horacio.— Sí, la verdad es que sí...

La Chica habla con dificultades en su idioma.

Felipe.— ¿Qué hacemos si no es?

Horacio.— De momento, tenemos que esperar... Igualmente nos tienen que decir algo...

Felipe.— No sería la primera vez que alguien se equivoca...

Pausa.

Horacio.— Nosotros no podemos equivocarnos porque nosotros no existimos, Felipe. Nosotros no podemos equivocarnos porque aquí no ha pasado esto. Aquí no pasa nada.

Pausa.

Felipe.— O sea, que ahora hay que pelarla de todas, todas... Joder. *(...)* De todas formas, si no era ella, es clavada...

Pausa.

La Chica bebe agua.

HORACIO.— ¡Eh! No la toques.

FELIPE.— No la he tocado...

HORACIO.— No la toques.

Pausa.

La Chica vuelve a hablar.

Vuélvele a poner la capucha... *(...)* La capucha, joder...

FELIPE.— Pónsela tú...

HORACIO.— ¡¡Ponle la capucha!!

Pausa larga.

FELIPE.— Estás perdiendo el control. Estás perdiendo el control sin ningún motivo. Si no pierdes los nervios, no tenemos por qué tener ningún problema.

Pausa larga.

HORACIO.— Se va a hacer de día y todavía no han llamado. Esto nunca había pasado.

Pausa.

FELIPE.— Ajuste de cuentas, amigo. Esta chica debe de hacer cuatro años que está muerta. Ya está en estado de putrefacción. Seguramente se metió en algún lío, hizo alguna cosa que no tenía que hacer y alguien se encargó de que pagara.

Pausa.

CHICA.— Soy Julia Hatlama, tengo veintiséis años... Por favor, por favor... Dejar libre a mí, por favor... Yo no voy a decir nada a nadie... Por favor.

Pausa.

Tengo hijos. Yo tengo dos hijos. Dos hijos. Es verdad. Papeles falsos. No soy ella... Eso ahí es falso, pero yo no delincuente. Yo tengo dos hijos. Yo vengo aquí a trabajar. Yo tengo hijos y mando dinero.

Horacio con la pistola.

HORACIO.— Ponle la jodida capucha...

CHICA.— Por favor... Soy Julia Hatlama, tengo veintiséis años...

HORACIO.— Haz que se calle. Ponle la jodida capucha.

CHICA.— Yo tengo familia. Soy... Yo tengo.

De golpe, Horacio le dispara en la cabeza.

Silencio.

FELIPE.— Hemos hecho lo que teníamos que hacer, amigo...

Pausa.

No te preocupes. Yo me encargo de esto.

Felipe empieza a sacarle ropa a la Chica. Horacio se aparta unos metros y coge aire.

Yo creo que podríamos tirar también la manta. Está un poco vieja, ¿no?

Pausa larga.

Suena el teléfono. Dos tonos.

HORACIO.— ¿Sí?

Pausa.

De acuerdo.

Pausa.

FELIPE.— ¿Qué?

Pausa.

Dime.

Pausa.

HORACIO.— Tenías razón. Era ella.

Pausa.

FELIPE.— ¿Lo ves?

Pausa.

HORACIO.— Voy a llamar a María.

FELIPE.— Muy bien...

Pausa larga.

Oscuro.

VIGÉSIMA CUARTA ESCENA

Un cadáver en el suelo. Felipe lo envuelve en una manta quedando el bulto con forma de saco.

FELIPE.— Yo también tengo mis cosas, ¿eh? Por ejemplo, me obsesiona quedarme sin palabras. No saber escogerlas. Olvidarme de cómo se dice casa o perro. De cómo se dicen esas cosas aquí. Que cambie la ortografía. La gramática. Es la dependencia de las palabras. A veces pienso que es lo único que tenemos. Aunque a veces se quedan vacías.

No es lo único que me da miedo. También tengo miedo a los bichos, tengo algo de *insectofobia*, tengo pesadillas. Me estoy duchando, me estoy rascando la cabeza y la noto deformada, y me siento un bicho, una especie de ciempiés gigante. Una especie desconocida. *(...)* También tengo miedo a sangrar por la nariz, no sé, no me gusta. A levantarme en un mar de sangre. A que se me caiga la casa encima. Tengo miedo a mis órganos más ocultos. Al órgano reproductor femenino. Últimamente no practico sexo. *(...)* Me da miedo que esto no se entienda porque las palabras no sean las adecuadas y pueda parecer gay. Me da miedo ser gay. Me da miedo perder las pocas que sé, las pocas cosas buenas que tengo, bueno, que tenemos. Me da miedo que venga alguien de fuera y nos quite lo nuestro. Lo mío. Mi vida.

Ayer noche no podía dormir. Daba vueltas sobre mí. Me desperté varias veces y al final me levanté de la cama para apuntar todo lo que me pasaba. No sé, de repente tuve un miedo totalmente incontrolado. Tenía miedo de olvidarme de TODO, de TODO lo que tenía que hacer al día siguiente, de todo lo que era y de todo lo que iba a ser... De todo lo que pensaba. De cómo iba a afrontarlo. Tenía miedo de olvidarme de todo lo que tengo. Mi familia. Mis amigos. Mi casa. Mis sueños. Mis miedos. Qué es lo que me gustaba. Qué es lo que no..., a qué soy alérgico. Imagínate que me olvido a qué soy alérgico. La medicación...

Al final me he levantado de la cama y lo he apuntado. Necesitaba verlo todo claro..., todo delante de mis ojos. Dónde había estudiado, a qué me dedicaba, si trabajaba o estaba en paro, si me había jubilado, si estaba de baja..., si tenía hijos, si tenía hijas, si había matado alguna vez a alguien. Si tenía problemas de conciencia. Ya sabes: quería tenerlo todo claro. Todo. Aquí. Todo. Ordenadito. Así, aquí, todo *puestecito*. Sin olvidarme de nada.

Empieza a arrastrar el cadáver.

A veces me siento especial, a veces estoy solo y me digo cosas, mi psiquiatra me ha dicho que es bueno que lo haga, que verbalice mis miedos, como estoy haciendo ahora. Y lo hago... Dialogo conmigo, me digo: tienes que hacer esto, tienes que superarte, ser buen tipo, no odies, Felipe, no odies. A veces me autoalecciono, me compadezco, me animo, me recompenso..., pienso que las cosas pasan porque tienen que pasar, y cuando algo que he deseado no ocurre, me digo: mejor así, no era para ti, sigue tu camino... A veces llego a pensar que hay gente que me interesa y otra que no..., que hay unas cosas fuera y otras dentro, y que yo tengo el poder de escoger quién entra y quién no... Entonces dejo de soñar, paro y miro...

Pausa.

Yo, si me paro y miro, estoy muerto. Es imposible controlarlo todo... Últimamente todo está cambiando demasiado.

Pausa.

Pero no hablo únicamente de la vida, de las relaciones, de la falta de valores y de toda esa mierda que nos viene encima... Yo voy a otra parte. Estoy hablando del ser o no ser. Estoy hablando de toda esa mierda del más allá. *(...)* ¿Quiénes somos?

Pausa.

No, en serio. Eso sí que me afecta. Me miro las manos, y eso sí que me afecta. Qué hago con mi vida. ¿Qué es mi vida? De qué sirve que ahora hable o pare de hablar. Que ría o que llore. Que me quede o me vaya... Que haga limpieza o no la haga..., si después todo se volverá a ensuciar...

Pausa larga.

Mi psicólogo dice que eso me pasa porque estoy deprimido, que tengo que ver el vaso medio lleno...

Pausa.

Pero es muy difícil.

Pausa.

Yo también tengo mis cositas...

Pausa.

Ayer se me apareció el espectro de mi padre.

Pausa.

El otro día mi padre estaba vivo y hoy está muerto. Ha muerto. Ya no está. Se acabó, finito.

Pausa.

Se me apareció su espectro y me dijo que después de esto no había nada. Con lo cual he deducido que no podía ser real. Que era un espectro resultado de mi imaginación, o resultado de las drogas. Porque últimamente me estoy metiendo unas pastillas que no puedo mezclar con alcohol y que me están terminando de arreglar.

Pausa.

A mí que me engañen. Que me engañen... Que me digan que la sociedad es así. Que esto no es teatro y que existe la fidelidad. Que los amigos están para ayudarte y que el trabajo dignifica. Que existe Dios, y que el mío es mejor que el vuestro. Que me hagan rezar a su madre aunque después me digan que en el fondo era su hija virgen. Y que me convenzan. Que me convenzan de que después hay un mundo mejor. Aunque allí no puedas comer, ni fumar, ni escoger a tus amigos, ni tu raza. Aunque allí pases a ser una puta lucecita abstracta. Todos iguales. *(...)* Que me digan que ésta es mi tierra, que es la única tierra y que lo único que tenemos que hacer es defenderla.

Tira el cadáver por la cuneta. Se vuelve hacia el público.

Y en el fondo sólo os tengo a vosotros, aunque a veces os odie. No se trata de contar una historia, ni de hacer el bien o el mal, se trata de ser agradecido. Y ahora que os tengo aquí, no sé si os he hecho un favor o una putada.

Oscuro.

VIGÉSIMA QUINTA ESCENA

A los pies de ambos, su ciudad.

FELIPE.— ¿Sabes cuál es el problema?

HORACIO.— No.

FELIPE.— ¿Sabes cuál es el problema?

HORACIO.— No, no lo sé...

Pausa.

FELIPE.— El problema es que están haciendo trampas...

HORACIO.— ¿Eh?

FELIPE.— Trampas. Están haciendo trampas. Se han dado cuenta de que no pueden competir...

HORACIO.— Ya.

FELIPE.— Y han decidido cambiar el formato.

HORACIO.— *(...)*

FELIPE.— Lo sirven con primero, segundo y postre. Lo sirven en bandeja. Lo sirven como espectáculo.

HORACIO.— *(...)*

FELIPE.— Sí. Le meten música. Luces. Una presentadora guapa. Publicidad. Colores vivos y artistas invitados...

HORACIO.— Ya.

FELIPE.— Es que, si no, no hay quien se lo trague.

HORACIO.— *(...)*

FELIPE.— Los sucesos, digo.

HORACIO.— Ya, ya...

Pausa larga.

Hoy he traído una coca.

FELIPE.— ¿Tú?

HORACIO.— Sí.

FELIPE.— Joder...

HORACIO.— Sí. La hice ayer por la tarde. La estuve cocinando con María...

FELIPE.— Muy bien...

HORACIO.— Sí. ¿Quieres que la saque ya?

FELIPE.— Como quieras.

HORACIO.— ¿O nos esperamos un rato...?

FELIPE.— Mmm...

HORACIO.— Aún es pronto, ¿no?

FELIPE.— Sí, sí...

HORACIO.— ¿O tienes hambre?

FELIPE.— Qué va... No. Cuando tú quieras.

HORACIO.— Bueno, esperamos un rato.

Pausa.

FELIPE.— ¿Y de qué es la coca?

HORACIO.— De pimientos...

FELIPE.— ¿De pimientos?

HORACIO.— Sí.

FELIPE.— ¡Qué buena!

HORACIO.— ¿Quieres verla?

FELIPE.— Mmm...

HORACIO.— ¿La quieres ya?

FELIPE.— No, no. Esperamos.

HORACIO.— Sí, ¿no?

FELIPE.— Sí, sí. Seguro.

HORACIO.— O como quieras...

FELIPE.— No, no, esperamos, que todavía es pronto.

HORACIO.— ESPERAMOS.

FELIPE.— ESPERAMOS.

Pausa.

¿Y María?

HORACIO.— ¿María?

FELIPE.— Sí.

HORACIO.— Muy bien.

FELIPE.— ¿Sí? ¿Las niñas?

HORACIO.— Muy bien, están muy bien... La pequeña está otra vez constipada, nos ha salido un poco floja, pero bueno...

FELIPE.— Vaya...

HORACIO.— *(...)* No, no, que... Bueno, pero que sólo es un constipado. *(...)* Se ve que eso es bastante normal.

FELIPE.— Ah...

Pausa.

Pues muy bien... ¿Quieres un cigarro?

HORACIO.— No, no... Ya llevo yo, gracias.

Pausa larga.

Al final he pedido el cambio de urbanización.

Pausa.

FELIPE.— ¿Y qué te han dicho?

HORACIO.— A lo mejor me lo conceden...

FELIPE.— Muy bien.

Pausa.

Muy bien, ¿no?

HORACIO.— No sé.

FELIPE.— ¿Te han puesto problemas?

HORACIO.— No...

FELIPE.— ¿Entonces?

HORACIO.— Es por María. María no quiere irse. *(...)* Claro, ella no entiende por qué tenemos que irnos. De hecho, ella, esta semana, ha empezado a trabajar...

FELIPE.— Ah. ¿Le han dado el trabajo?

HORACIO.— Sí.

FELIPE.— ¡Qué bien!

HORACIO.— Sí...

FELIPE.— ¿Lo ves? Esta mierda empieza a funcionar...

HORACIO.— Sí, la verdad es que está muy contenta.

FELIPE.— ¿Lo ves? Poco a poco...

Pausa larga.

HORACIO.— De todas formas, yo lo he pensado mucho y creo que marcharnos es lo mejor. No sé, hace tiempo que pienso en un cambio de aires y creo que nos puede ir muy bien.

Pausa.

Todo esto empieza a quedarme demasiado grande, Felipe... *(...)* No sé. Últimamente, todo esto..., todo esto me está afectando demasiado. *(...)* Sí. No sé por qué. Pero ya no es como antes. Últimamente no me quedo igual. Nunca había tenido este tipo de problemas, pero no sé...

Ya no soy un crío y... y pienso que esto, a la larga, no puede ser sano.

Pausa larga.

Felipe, creo que yo no soy como tú... Yo no siento que esté salvando a nadie.

Pausa.

FELIPE.— ¿Sabes por qué me metí en esto?

HORACIO.— ¿Qué?

FELIPE.— ¿Sabes por qué me metí en esta mierda?

HORACIO.— No.

Pausa.

Felipe, no sé por qué te metiste en esta mierda.

Pausa.

FELIPE.— El problema es que todo el mundo quiere ser un superhéroe y buscar su leyenda personal...

Pausa.

¿A ti de joven nunca te han ridiculizado dos matones?

HORACIO.— No...

FELIPE.— ¿En una discoteca..., te han dicho: "Tú no entras"?

HORACIO.— No...

FELIPE.— ¿Seguro?

HORACIO.— No sé, no me acuerdo...

FELIPE.— Todo el mundo quiere encontrar su superhéroe, su "super-ego"... Su leyenda personal. *(...)* ¿Tú nunca has soñado con ser un superhéroe?

HORACIO.— ¿Un superhéroe?

FELIPE.— Sí, de pequeño. Tener poderes...

HORACIO.— No, no sé.

Pausa.

FELIPE.— La gente quiere saltar cuarenta metros sin esfuerzo, tener uñas de litio... Mover objetos con la mente...

HORACIO.— ¿Sí?

FELIPE.— Claro. ¿Tú no veías películas de Bruce Lee?

HORACIO.— De Bruce Lee...

FELIPE.— De Bruce Lee, amigo. Hay momentos en la vida en que todo el mundo desea ser un puto superhéroe y partirle la cara a todos... Pero así, fácil, ¿eh? Como el bueno de Bruce. Riéndote. Sin esfuerzo. Tampoco tienes que matar a nadie. Sólo un poquito de degradación. Así...

HORACIO.— Ya...

FELIPE.— ¿Tú nunca has vivido uno de esos momentos?

HORACIO.— No...

FELIPE.— ¿Nunca te han discriminado por tu raza o por tu sexo?

HORACIO.— Mmm... No.

FELIPE.— ¿Nunca te han sido infiel?

HORACIO.— No lo sé. *(...)* No.

FELIPE.— ¿Nunca has pasado hambre?

HORACIO.— *(...)*

FELIPE.— ¿Nunca has visto cómo tu madre se dejaba la vida por conseguirte un trozo de pan?

Pausa.

FELIPE.— ¿¿Nunca han bombardeado tu país??

HORACIO.— *(...)*

FELIPE.— ¿Nunca han destrozado tu hogar, han violado a tus hermanas..., han...? ¿Nunca han entrado unos extraños en tu casa por la fuerza y han matado a tu padre? *(...)* ¿Nunca te han dejado sin familia? *(...)* Solo.

Pausa.

En ese momento quieres ser Bruce Lee, te lo aseguro...

Pausa.

Horacio, no lo estamos haciendo tan, tan mal. Nosotros no hemos empezado esto. Nosotros ya estábamos aquí cuando empezó toda esta mierda.

HORACIO.— Ya. *(...)* Claro.

FELIPE.— Nos pagan por continuar con esto.

HORACIO.— Ya.

Pausa larga.

FELIPE.— ¿Quieres?

Pausa larga.

Horacio coge un cigarro.

HORACIO.— Gracias.

Cada uno se enciende su pitillo. Pausa larga. Horacio recibe una llamada de teléfono.

Sí. Muy bien. *(Cuelga)*

FELIPE.— Ahora sí. ¿Acabamos?

Pausa.

Oscuro.

FIN

Colección de Teatro

teatro**autor**

1. **El baile de los ardiente**
   Francisco Nieva
2. **Oportunidad: bonito chalet familiar**
   Juan José Alonso Millán
3. **Feliz aniversario**
   Adolfo Marsillach
4. **Operación ópera**
   Ignacio García May
5. **La mirada del hombre oscuro**
   Ignacio del Moral
6. **El señor de las patrañas**
   Jaime Salom
7. **Pop y patatas fritas**
   Carmen Resino
8. **Pisito clandestino**
   Antonio Martínez Ballesteros
9. **El dragón de fuego**
   Roma Mahieu
10. **Gracias, abuela...**
    Sebastián Junyent
11. **Pasarse de la raya**
    Juan José Alonso Millán
12. **Indian summer**
    Rodolf Sirera
13. **Cena para dos**
    Santiago Moncada
14. **Matrimonio para tres**
    Antonio Martínez Ballesteros
15. **Un millón por una rosa**
    María Luisa Luca de Tena
16. **Trescientos veintiuno, trescientos veintidós**
    Ana Diosdado
17. **Morirás de otra cosa**
    Manuel Gutiérrez Aragón
18. **Trampa para pájaros**
    José Luis Alonso de Santos
19. **Los gatos**
    Agustín Gómez Arcos
20. **Palomas intrépidas**
    Miguel Sierra
21. **Columbi lapsus**
    Albert Boadella
22. **Un hombre de cinco estrellas**
    María Manuela Reina
23. **El hombre del Taj Mahal**
    Santiago Moncada
24. **Caballos de mar**
    Rodolf y Josep Lluís Sirera
25. **Desnudos**
    Joan Casas
26. **Para-lelos 92 / Reservado el derecho de admisión**
    Petra Martínez y Juan Margallo
27. **Los figurantes**
    José Sanchis Sinisterra
28. **Entre tinieblas**
    Fermín Cabal y Pedro Almodóvar
29. **Ya tenemos chica**
    Juan José Alonso Millán
30. **Caprichos**
    Santiago Moncada
31. **Los españoles bajo tierra**
    Francisco Nieva
32. **El viaje infinito de Sancho Panza**
    Alfonso Sastre

33. **Una hoguera al amanecer**
Jaime Salom

34. **¡Anda, mi madre!**
Juan José Alonso Millán

35. **La pasión de amar**
Joaquín Calvo-Sotelo

36. **Manzanas azules, higos celestes**
Alberto Miralles

37. **Teledeum**
Albert Boadella

38. **Don Juan último**
Vicente Molina Foix

39. **Casi una diosa**
Jaime Salom

40. **Vis a vis en Hawai**
José Luis Alonso de Santos

41. **Nosferatu**
Francisco Nieva

42. **Sólo, sólo para mujeres**
Sebastián Junyent

43. **Comisaría especial para mujeres**
Alberto Miralles

44. **La posada del Arenal**
Eduardo Galán y Javier Garcimartín

45. **Siempre en otoño**
Santiago Moncada

46. **Auto / Retén**
Ernesto Caballero

47. **Picasso andaluz, la muerte del Minotauro / Piel de toro**
Salvador Távora

48. **Las señoritas de Siam**
Ever Martín Blanchet

49. **Noches de amor efímero**
Paloma Pedrero

50. **Perdonen la tristeza / Obra póstuma**
Eusebio Calonge

51. **¡Viva el cuponazo!**
Rafael Mendizábal

52. **Sólo para parejas**
Juan José Alonso Millán

53. **Marina**
Luis Olmos

54. **Oscar & Sherlock**
Santiago Moncada

55. **Annus horribilis**
Francesc Lucchetti Farré

56. **Mariposas negras**
Una noche con Clark Gable
Jaime Salom

57. **Los bellos durmientes**
Antonio Gala

58. **La tuerta suerte de Perico Galápago**
Jorge Márquez

59. **El cerco de Leningrado**
José Sanchis Sinisterra

60. **Feliz cumpleaños, Sr. Ministro**
Rafael Mendizábal

61. **Yo tengo un tío en América**
Albert Boadella

62. **¡Hombres!**
Companyia T de Teatre

63. **La taberna de los Cuatro Vientos**
Alberto Vázquez Figueroa

64. **E. R.**
Josep M. Benet i Jornet

65. **Chapó**
Jordi Beguería

66. **La senyora Florentina i el seu amor Homer**
Mercè Rodoreda

67. **Saxo tenor**
Roberto Vidal Bolaño

68. **Rodeo / Libración**
Lluïsa Cunillé

69. **Cristal de Bohemia**
Ana Diosdado

70. **La sombra del Tenorio**
José Luis Alonso de Santos

71. **Mujeres frente al espejo**
Eduardo Galán

72. **Hora de visita**
José Luis Alonso de Santos

73. **Tiempo de ensayo**
Gerard Vázquez

74. **La trama**
Jaime Salom

75. **Usted no sabe con quién está hablando**
Juan José Alonso Millán

76. **El jardín de nuestra infancia**
Alberto Miralles

77. **Mejor en octubre**
Santiago Moncada

78. **Veinte años no es nada**
Stop Madrid
Eduardo Recabarren

79. **La tumba de Antígona**
María Zambrano

80. **Cásting**
Roger Justafré

81. **De cómo Antoñito López, natural de Játiva, subió a los cielos**
Rafael Mendizábal

82. **Yonquis y yanquis**
José Luis Alonso de Santos

83. **Locas de amar**
Paloma Pedrero

84. **Hijos de la niebla**
Roger Justafré

85. **Oxo**
Joan Guasp

86. **La abuela echa humo**
Rafael Mendizábal

87. **Krámpack**
Jordi Sánchez

88. **¿Y ahora, qué?**
Santiago Moncada

89. **Eutanasio**
Manuel Ruiz-Castillo

90. **Después de la lluvia**
Sergi Belbel

91. **Danzón de perras**
Luis Riaza

92. **Picospardo's**
Javier García-Mauriño

93. **Ocaña, el fuego infinito**
Andrés Ruiz López

94. **Las reglas del género (Maror)**
Rodolf Sirera

95. **Metro**
Francisco Sanguino y Rafael González

96. **Salvajes**
José Luis Alonso de Santos

97. **Recreo**
Manuel Veiga

98. **El otro William**
Jaime Salom

99. **La Ley Sorda**
Mobilis in mobili
José Bea Mataix

100. **El Nacional**
Albert Boadella

101. **Lencería fina**
Enrique Bariego

102. **Esta noche no estoy para nadie**
Juan Carlos Rubio

103. **Dakota**
Jordi Galceran

104. **Marsal Marsal**
Perdida en los Apalaches
José Sanchis Sinisterra

105. **Pregúntame por qué bebo**
La orquesta sólo toca para mí
Juan Carlos Ordóñez

106. **Te vas, me dejas y me abandonas (Mutis)**
Julio Escalada

107. **Mirador**
Paco Zarzoso

108. **Los restos**
Raúl Hernández Garrido

109. **Miguel Will**
José Carlos Somoza

110. **Criaturas**
Companyia T de Teatre

111. **Contigo aprendí**
Rafael Mendizábal

112. **Una hora de felicidad**
Manuel Veiga

113. **No faltéis esta noche**
Santiago Martín Bermúdez

114. **Mandíbula afilada**
Carles Alberola

115. **Cartas de amor a Stalin**
Juan Mayorga

116. **Suite / Combate**
Carles Batlle

117. **El niño del Hospital Italiano**
Despropósitos
Eduardo Recabarren

118. **Píntame en la eternidad**
Alberto Miralles

119. **¿Le gusta Schubert?**
Rafael Mendizábal

120. **Más o menos amigas**
Una hora sin televisión
Jaime Salom

121. **¡Entiéndemetúamí!**
Eloy Arenas

122. **Tres (+1)**
Antonio Jesús González

123. **Una estrella**
Besos de lobo
Paloma Pedrero

124. **Gorditas**
Gustavo Ott

125. **Las manos**
José R. Fernández
Yolanda Pallín
Javier G. Yagüe

126. **Caos**
Antonio Álamo

127. **Qué asco de amor**
Yolanda García Serrano

128. **El último verano**
Coté Soler
Raquel Pérez

129. **Precisamente hoy**
Josep M. Benet i Jornet

130. **La cruzada de los niños de la calle**
Claudia Barrionuevo
Dolores Espinoza
Christiane Jatahy
Iván Nogales
Arístides Vargas
Víctor Viviescas

131. **No es tan fácil**
Paco Mir

132. **¡Santiago (de Cuba) y cierra España!**
Ernesto Caballero

133. **Los misterios de la ópera**
Carles Alfaro
Javier Tomeo

134. **23 centímetros**
Carles Alberola
Roberto García

135. **Despedida II**
Antonio Morcillo

136. **Desnudas**
Roberto Santiago

137. **"Pa siempre"**
Sebastián Junyent

138. **Las señoritas de Aviñón**
Jaime Salom

139. **Buñuel, Lorca y Dalí**
Alfonso Plou y Teatro del Temple

140. **Última batalla en El Pardo**
José María Rodríguez Méndez

141. **Los amantes del demonio**
Alberto Miralles

142. **La vesícula de Aristóteles**
Miguel Ángel Zamorano

143. **Esmoquin**
Santiago Moncada

144. **La comedia de Carla y Luisa**
J. L. Alonso de Santos

145. **Carta de amor / Vuela hacia Cecilia**
Fernando Arrabal

146. **Invierno (Cuatro estaciones)**
Julio Escalada

147. **Para los recuerdos**
Liliana Pérez

148. **En el túnel un pájaro**
Paloma Pedrero

149. **Segunda mano / Algún amor que no mate**
Dulce Chacón

150. **Defensa de dama**
Isabel Carmona
Joaquín Hinojosa

151. **Mi relación con la comida**
Angélica Liddell

152. **Magia Café**
Paloma Pedrero

153. **Esmoquin 2 (Un año después)**
Santiago Moncada

154. Tentación
Carles Batlle

155. Ana en el trópico
Nilo Cruz

156. Once voces contra la barbarie del 11-M
VV AA

157. Humo
Juan Carlos Rubio

158. El método Grönholm
Jordi Galceran

159. La curva de la felicidad
Eduardo Galán

160. Fuso negro
Eva Hibernia

161. ¡¡¡Mamáááá!!!
Jordi Sánchez
Pep Antón Gómez

162. Almacenados
David Desola

163. Desconcierto
Santiago Moncada

teatro**infantil y juvenil**
(SGAE / Anaya)

El árbol de Julia
Luis Matilla

La ciudad de Gaturguga
González Torices, José

La caja de música
Alfonso Zurro

Manzanas rojas
Luis Matilla

Tira-tira o La fábrica de tiras
Agustí Franch Reche

Se suspende la función
Fernando Lalana

Dora, la hija del Sol
Carmen Fernández Villaba

Animaladas
Rafael Alcaraz Sánchez

¿Es tuyo?
Josep Albanell

Au revoir, Marie
Tina Rodríguez Olivares

teatro**homenaje**

Hermógenes Sainz
Historia de los Arraiz

Antonio Buero Vallejo
Las trampas del azar

José López Rubio
La otra orilla

Lauro Olmo
Pablo Iglesias

Fernando Fernán-Gómez
Los invasores del palacio

Adolfo Marsillach
Extraño anuncio

Antonio Gala
El caracol en el espejo

José María Rodríguez Méndez
El pájaro solitario

El mercader de ilusiones
La historia de Gregorio Martínez
Sierra y Catalina Bárcena
Enrique Fuster del Alcázar

biografías / memorias

Desde el escenario. Reflexiones y recuerdos
Jaime Salom

Francisco Nieva. Artista contemporáneo
VV AA

Gerardo Vera. Reinventar la realidad
Jorge Gorostiza

M.ª Teresa León. Memoria de la hermosura
Olga Álvarez (Coord.)

Antonio Gades
Fundación Antonio Gades

antologías

Salvador Távora y la Cuadra de Sevilla
Tres décadas de creación teatral
Salvador Távora

teatro**manuales**

1. **Manual de producción, gestión y distribución del teatro**
   (2ª ed. totalmente revisada por el autor)
   Jesús F. Cimarro

teatro**ensayo**

1. **La escena española actual (Crónica de una década: 1984-1994)**
   Enrique Centeno

2. **Reescribir la escena**
   Varios autores
   Laura Borràs Castanyer (ed.)

3. Utopías del relato escénico
Varios autores
Laura Borràs Castanyer (ed., prólogo y notas)

4. Escenografías del cuerpo
Varios autores
Laura Borràs Castanyer (ed.)

5. El humor y la risa
Varias autoras
Asun Bernárdez Rodal (ed. y prólogo)

6. Deseo, construcción y personaje
Laura Borrás Castanyer (ed., prólogo y notas)

7. La escena imposible ante el globo mundial
Laura Borràs Castanyer (ed., prólogo y notas)

8. Traviesas de paz y campos de batalla
Lola Proaño y Alicia del Campo (ed., prólogo y notas)

Esta publicación ha sido realizada íntegramente en papel ecológico libre de cloro